外国语言文学译著出版系列

Routledge
Taylor & Francis Group

U0900590

语料库语言学与第二语言习得

——视角、问题与发现

陆小飞（Xiaofei Lu） 著

郑玉荣 栾 岚 暴丽颖 张 冰 尹 楠 马 骏 译

Corpus Linguistics and Second Language Acquisition: Perspectives, Issues, and Findings

哈尔滨工程大学出版社
Harbin Engineering University Press

黑版贸登字 08-2024-048 号

Corpus Linguistics and Second Language Acquisition: Perspectives, Issues, and Findings, 1st Edition/by Xiaofei Lu/ISBN: 978-0-367-51721-2

图书在版编目(CIP)数据

语料库语言学与第二语言习得 : 视角、问题与发现 / 陆小飞著 ; 郑玉荣等译. -- 哈尔滨 : 哈尔滨工程大学出版社, 2024. 11. -- ISBN 978-7-5661-4531-4

Ⅰ. H0

中国国家版本馆 CIP 数据核字第 2024T2D236 号

语料库语言学与第二语言习得——视角、问题与发现
YULIAOKU YUYANXUE YU DI-ER YUYAN XIDE——SHIJIAO WENTI YU FAXIAN

选题策划 刘凯元
责任编辑 王丽华
封面设计 李海波

出版发行 哈尔滨工程大学出版社
社　　址 哈尔滨市南岗区南通大街 145 号
邮政编码 150001
发行电话 0451-82519328
传　　真 0451-82519699
经　　销 新华书店
印　　刷 哈尔滨午阳印刷有限公司

开　　本 787 mm×1 092 mm　1/16
印　　张 9
字　　数 208 千字
版　　次 2024 年 11 月第 1 版
印　　次 2024 年 11 月第 1 次印刷
书　　号 ISBN 978-7-5661-4531-4
定　　价 68.00 元

http://www.hrbeupress.com
E-mail: heupress@hrbeu.edu.cn

目　　录

第 1 章　前　　言

1.1　语料库语言学与第二语言习得

本书全面回顾利用语料库语言学方法探讨造成第二语言（second language，L2，以下简称“二语”）产出中各种差异的学习者和学习任务变量之间关系的第二语言习得（Second Language Acquisition，SLA，以下简称“二语习得”）研究，以此了解不同输入因素对二语加工和产出的影响，追踪组别（group）二语纵向发展的轨迹，输入、学习者和任务等因素对发展轨迹的影响，勾勒出二语纵向发展中学习者间差异（variation）和学习者内变异（variability）。本书的“语料库语言学方法”包括以下方面：使用母语者和学习者语料库（learner corpus）为数据来源，自动或者半自动的语料库标注（annotation）工具，以及为分析语料库数据开发的不同方法、技术和工具。本书的目标读者包括不同程度熟悉语料库语言学和/或二语习得理论的学生和研究者，他们拟将语料库语言学方法应用于二语习得研究，或者对此深感兴趣。为此，在对这方面研究的理论视角和研究发现进行全面讨论的基础上，本书旨在详细阐述语料库语言学方法如何让二语习得研究者获得全新的数据来源和分析方法，以便回答本领域长期存在的问题，并提出新的理论假设。

母语者语料库和学习者语料库都为二语习得研究领域提供了宝贵的数据来源，其中母语者语料库包括大规模通用语料库，如英语国家语料库（British National Corpus，BNC）（Burnard，2007）和美国当代英语语料库（Corpus of Contemporary American English，COCA）（Davies，2009），以及由母语者（L1 speaker）提供，并作为可供二语学习者参考的较小规模教学或互动语料库①。这些语料库均在二语加工和发展研究中发挥了作用，能够帮助使用者获取不同类型的教学输入数据，或者为评估学习者语言发展提供参照系（例如，Ellis 等，2014）。学习者语料库包括由研究机构和团队开发、可供研究者使用的大规模语料库，以及由研究者个人创建的二语学习者口语/笔语小型语料库。这些语料库都得到不同程度的应用，研究者从中获得了关于二语个体差异、产出和发展的研究发现。特别值得一提的是，采用横向（cross-sectional）数据收集方式建立的语料库体现了丰富的学习者和学习任务信息，比如学习者的语言水平（proficiency）、母语背景、样本体裁（genre）和任务类型，等等，这些语料库能够让研究者探讨当学习者和任务变量有所不同时

① 本译文中一律将 L1 译为“母语”，L2 译为“二语”，对母语或 L1、二语或外语不再进行狭义的区分。

二语产出中的差异和这些要素之间的互动,以及二语学习者的语言产出如何受到语言输入使用特征的影响,其中两个典型的例子分别是三一兰卡斯特语料库(Trinity Lancaster Corpus,TLC)(Gablasova 等,2019)和中国学生英语笔语语料库(2.0)(Written English Corpus of Chinese Learners 2.0,WECCL 2.0)(Wen 等,2008)①。像学习者发展数据库(Longitudinal Database of Learner English,LONGDALE)(Meunier,2016)这样的纵向学习者产出语料库可以为研究者提供描述、比较组别和个体学习者二语纵向发展轨迹的数据。混合语料库是指既采用横向也采用纵向方式收集语言发展语料的语料库,比如英孚剑桥公开语言数据库(EF-Cambridge Open Language Database,EFCAMDAT)(Geertzen 等,2014)和堪萨斯学习者发展语料库(Kansas Developmental Learner corpus,KANDEL)(Vyatkina,2016)。这些语料库都为研究者提供了能够进一步将学习者个体纵向发展轨迹与横向发展趋势进行比较的研究数据。

除了将母语者和学习者语料库作为数据来源,为语料库标注和分析开发的工具和方法也在二语习得研究中被证明大有用武之地(例如,Lu,2022;Lu & Chen,2019)。有些工具的开发是为了从生语料库(raw corpora)(即未对具体的语言信息进行标注的语料库)中识别不同类型的词汇和短语单位(phraseological units),如词、搭配(collocations)、词块(lexical bundles)和短语框架(phrase-frames),这样有助于对语境中的这些语言单位进行详细的定性分析,有时还可以对提取出的语言单位进行相关的统计分析。例如,AntConc(Anthony,2022)作为一个免费的检索程序,能够从语料库中获取词频表(word frequency list),检索关键词(keywords)(即与参考语料库相比,在一个语料库中重要的、使用非常频繁的词),提取一个词的搭配并用不同统计手段[例如,互信值(mutual information,MI)、t 值和对数似然值]计算词和搭配之间的搭配强度(association strength),生成中心词或者短语的索引行[例如,语料库中中心词的所有索引行(concordances)以关键词居中索引(key-word-in-context,KWIC)的方式显示],这些方法都有助于对文本进行细致的研究。另一个软件,AntGram(Anthony,2021),可以从语料库中提取 N 元以及短语框架(即具有一个或者多个开放词位的 N 元),来满足不同的研究标准(例如词长、频率和在样本中出现的范围)。语料库中的样本可以用不同的语言信息进行自动标注,例如每个词的词性(POS)和每个句子的句法结构(例如,详见 Lu,2014)。例如 Stanford CoreNLP(Manning 等,2014)可以对 8 种语言(阿拉伯语、汉语、英语、法语、德语、匈牙利语、意大利语和西班牙语)进行词性赋码、成分和依存关系切分(constituency and dependency parses)。还有一些工具可以用来从已赋码

① 原书中此文献的作者有误。该出版物的三位作者应为文秋芳、梁茂成和晏小琴,该出版物由外语教学与研究出版社于 2008 年出版;这个语料库 1.0 版的三位作者为文秋芳、王立非和梁茂成,该出版物由外语教学与研究出版社于 2005 年出版。

的语料库中自动提取作为研究对象的语言结构和形式，然后对这些数据进行相应的定量统计分析。例如，二语句法复杂性分析器（L2 Syntactic Complexity Analyzer，L2SCA）（Lu，2010）与句法丰富性和复杂性自动分析器（Tool for Automated Analysis of Syntactic Sophistication and Complexity，TAASSC）（Kyle，2016）这两个工具就分别使用了 Stanford Parser 的成分和依存切分法，可以提取一系列的句法单位（例如，从句和名词短语）和构式（例如，动词-论元构式）信息，以便随后对不同的句法复杂性（complexity）和丰富性（sophistication）进行统计计算[①]。寻找对语言现象进行量化研究的新方法的确是语料库语言学和二语习得相互联合的目的，这样的探索已经产生了很多新方法，能够行之有效地揭示二语产出和加工现象，测量二语的变化和发展。就像有些研究所展示的那样，可以用新方法来测量语言要素之间的方向性关系（Gries & Stefanowitsch，2004；Gries & Ellis，2015），用新指标（indices）测量句法复杂性和丰富性（例如，Biber 等，2016；Kyle，2016；Kyle & Crossley，2015；Lu，2010，2012；Lu & Hu，2022）。有些测量方法可以直接使用相关语言要素的分布信息，如 Kyle（2016）提出的基于使用的（usage-based）句法丰富性测量方法（参见第 2 章）。语料库数据也证明了其他从语言或者认知角度出发的测量方法的有效性，例如，基于不同结构类型的名称短语复杂性测量方法（例如，Lu & Wu，2022），以及基于加工和反应时间的词汇复杂性测量方法（Kyle & Crossley，2015）。

本书所回顾的二语习得研究文献中所探讨的内容主要围绕以下关于二语差异、加工、产出和发展的核心问题：

· 不同的学习者和任务变量如何导致二语使用方面的差异？

· 不同的输入因素如何影响二语加工和产出？

· 二语学习者的不同子系统呈现何种不同的纵向轨迹？不同的输入、学习者和任务因素如何与时间互动来影响这些轨迹？

· 在二语发展中存在何种类型的个体变异（individual variability）和个体差异（individual variation）[②]？

学者们已经对这些问题从多个理论视角进行了研究，其中最引人注目的是基于使用的语言学理论视角（usage-based linguistics，UBL）（例如，Ellis 等，2014；Wulff & Ellis，2018）和复杂动态系统理论视角（Complex Dynamic System Theory）（例如，de Bot 等，2007；Larsen-Freeman，1997）。学者们同样探讨了不同的语言层次[例如，语音、词汇、短语和形态-句法（morphosyntax）]，关注特定领域不同程度的特征[整体复杂性、准确性和流利性特征，以及具体结构或者构

① 在对二语句法特征的研究中，除了一般情况下将"complexity"翻译为"复杂性"外，也有学者将"sophistication"翻译为"复杂性"，如彭慧、卢慧玲（2012），吴继峰等（2019）和胡韧奋（2021）。为了避免混淆，本译文根据 Kyle（2016）的博士论文将"sophistication"翻译为"丰富性"。Sophistication 指的是基于使用的视角描述句法的发展，而 complexity 指的是句法的形式特点（如从属结构）。

② 关于差异（variation）和变异（variability）的区别，详见第 5 章的界定和讨论。

式(construction)的特征]。本书中所回顾的研究共同揭示了语料库语言学方法能够适合不同理论思考、不同语言分析关注点,并与其他方法相辅相成(例如,心理语言学实验方法)。标注了学习者和任务信息的大规模语料库,辅以自动化的赋码和分析工具,不仅仅能够拓展二语研究的数据分析规模和范围,还能够以全新的方式揭示关键性输入、学习者、任务和任务变量与二语差异、加工、产出以及发展之间的复杂关系。值得注意的是,这并不意味着采用语料库语言学方法的二语习得研究会放弃对学习者语料库数据的人工手动分析。恰恰相反,对这些数据细致的质性研究是本书中很多研究的主要组成部分,这样的质性研究在一些二语习得发展的具体方面得出了重要发现,揭示了二语使用、产出和发展中呈现的差异和/或变异(例如,Gilquin,2019;Ivaska,2015)。同样,二语的差异和产出中的很多方面,例如由于存在难以避免的主观因素和模糊性、语言特征的适切性(appropriateness)、语境意义、语用和修辞功能,都不能完全可靠地依赖自动化工具进行分析,依然需要对这些方面进行半自动的、计算机辅助的,或者人工手动的分析。

在对每一项研究的回顾中,本书将详细介绍所使用或者创建的母语者和/或学习者语料库、语料库标注和/或分析方法。这些描述旨在证明语料库语言学方法不但能够回答所回顾的二语习得研究领域的问题,而且有所贡献,同时,也让我们看到使用这种方法的局限性和必要的进一步思考。

1.2 本书结构

本书其余部分内容如下:第 2 章回顾了应用语料库语言学方法的实证研究,探讨二语使用中群组层面存在的差异。首先回顾了相关的不同类型学习者个体差异的研究,测量这些差异的主要方法,然后系统回顾使用了语料库语言学方法的研究,从理论或者教学角度探讨了造成二语使用中差异的主要学习者和/或任务的相关变量。

第 3 章回顾了使用语料库语言学方法探讨二语加工和产出的实证研究,首先介绍基于使用的二语习得方法(usage-based approaches to SLA),特别是主张语言习得和加工涉及联想学习(associative learning)的观点,反映了使用中构式发生的概率(例如,Ellis 等,2014;Wulff & Ellis,2018)。其次,系统回顾这些实证研究的发现,其中一些研究结合语料库语言学和实验研究方法来探讨影响二语学习者加工具体构式的因素,或者使用语料库分析方法来调查影响二语学习者产出某种构式的影响因素。

第 4 章回顾了如何使用语料库语言学方法跟踪组别层面上的二语纵向发展轨迹,和/或探讨输入、学习者和任务因素如何影响二语的纵向发展轨迹。大多数这类研究都采纳了基于使用的语言学理论(UBL)框架,但这里也包括了使用其他理论视角的研究。本章首先介绍复杂性、准确性和流利性的发展,其次用其余 4 个小节聚焦词汇知识的发展、短语的发展、语法和形态-句法构式的发展,以及立场(stance)的发展。

第 5 章探讨了语料库语言学方法在二语发展中的变异和差异研究方面的应用。本章首先回顾将复杂动态系统理论应用于二语习得的主要理论假设和研究思路(例如,de Bot 等,2007;Larsen-Freeman,1997)。其次,系统回顾了为数不多的实证研究方法和研究发现,这些研究采纳了语料库语言学技术手段来探讨二语发展中学习者内部和学习者之间的变异(inter-and intra-learner variability),以及学习者之间的差异。

第 6 章总结了第 2 章到第 5 章所涉及的二语习得四大领域中语料库语言学所做的贡献,反思这些方法在所应用领域中的信度、效度、效果和局限性。在本书的结尾,提出语料库语言学在二语习得领域的未来发展方向,包括现有技术的新用途,以及创新性新兴技术的新用途。

参 考 文 献[①]

Anthony, L. (2021). *AntGram* (version 1. 3. 0) [Computer software]. Tokyo, Japan: Waseda University. http://www. laurenceanthony. net/software.

Anthony, L. (2022). *AntConc* (version 4. 0. 3) [Computer software]. Tokyo, Japan: Waseda University. http://www. laurenceanthony. net/software.

Biber, D., Gray, B., & Staples, S. (2016). Predicting patterns of grammatical complexity across language exam task types and proficiency levels. *Applied Linguistics*, 37(5), 639-668. https://doi. org/10. 1093/applin/amu059.

Burnard, L. (Ed.). (2007). *Reference guide for the British National Corpus* (XML ed.). Oxford: Oxford University Computing Services. http://www. natcorp. ox. ac. uk/docs/URG.

Chen, D., & Manning, C. D. (2014). A fast and accurate dependency parser using neural networks. In *Proceedings of the 2014 Conference on Empirical Methods in Natural Language Processing* (pp. 740-750). Doha, Qatar: Association for Computational Linguistics.

Davies, M. (2009). The 385 + million word Corpus of Contemporary American English (1990-2008+): Design, architecture, and linguistic insights. *International Journal of Corpus Linguistics*, 14(2), 159-190. https://doi. org/10. 1075/ijcl. 14. 2. 02dav.

① 为了忠实原著,便于读者阅读与查找,在翻译过程中,本书的参考文献格式与原著保持一致。

De Bot, K., Lowie, W., & Verspoor, M. (2007). A dynamic systems theory approach to second language acquisition. *Bilingualism: Language and Cognition*, 10(1), 7–21. https://doi.org/10.1017/S1366728906002732.

Ellis, N. C., O'Donnell, M. B., & Römer, U. (2014). Second language verb-argument constructions are sensitive to form, function, frequency, contingency, and prototypicality. *Linguistic Approaches to Bilingualism*, 4(4), 405–431. https://doi.org/10.1075/lab.4.4.01ell.

Gablasova, D., Brezina, V., & McEnery, T. (2019). The Trinity Lancaster Corpus: Development, description, and application. *International Journal of Learner Corpus Research*, 5(2), 126–158. https://doi.org/10.1075/ijlcr.19001.gab.

Geertzen, J., Alexopoulou, T., & Korhonen, A. (2014). Automatic linguistic annotation of large scale L2 database: The EF-Cambridge Open Language Database (EFCAMDAT). In R. T. Millar, K. I. Martin, C. M. Eddington, A. Henery, N. M. Miguel, A. Tseng et al. (Eds.), *Selected Proceedings of the 2012 Second Language Research Forum: Building bridges between disciplines* (pp. 240–254). Somerville: Cascadilla Proceedings Project.

Gilquin, G. (2019). Light verb constructions in spoken L2 English: An exploratory cross-sectional study. *International Journal of Learner Corpus Research*, 5(2), 181–206. https://doi.org/10.1075/ijlcr.18003.gil.

Gries, S. T., & Ellis, N. C. (2015). Statistical measures for usage-based linguistics. *Language Learning*, 65(S1), 228–255. https://dor.org/10.1111/lang.12119.

Gries, S. T., & Stefanowitsch, A. (2004). Extending collostructional analysis: A corpus-based perspective on 'alternations'. *International Journal of Corpus Linguistics*, 9(1), 97–129. https://doi.org/10.1075/ijcl.9.1.06gri.

Ivaska, I. (2015). Longitudinal changes in academic learner Finnish: A key structure analysis. *International Journal of Learner Corpus Research*, 1(2), 210–241. https://doi.org/10.1075/ijlcr.1.2.02iva.

Klein, D., & Manning, C. D. (2003). Fast exact inference with a factored model for natural language parsing. In S. Becker, S. Thrun, & K. Obermayer (Eds.), *Advances in neural information processing systems* (vol. 15, pp. 3–10). Cambridge, MA: MIT Press.

Kyle, K. (2016). *Measuring syntactic development in L2 writing: Fine grained indices of syntactic complexity and usage-based indices of syntactic sophistication* [Unpublished doctoral dissertation, Georgia State University, Atlanta, GA].

Kyle, K., & Crossley, S. A. (2015). Automatically assessing lexical sophistication:

Indices, tools, findings, and application. *TESOL Quarterly*, 49(4), 757-786. https://doi.org/10.1002/tesq.194.

Larsen-Freeman, D. (1997). Chaos/complexity science and second language acquisition. *Applied Linguistics*, 18(2), 141-165. https://doi.org/10.1093/applin/18.2.141.

Lu, X. (2010). Automatic analysis of syntactic complexity in second language writing. *International Journal of Corpus Linguistics*, 15(4), 474-496. https://doi.org/10.1016/j.jslw.2015.06.003.

Lu, X. (2012). The relationship of lexical richness to the quality of ESL learners' oral narratives. *The Modern Language Journal*, 96(2), 190-208. https://doi.org/10.1111/j.1540-4781.2011.01232_1.x.

Lu, X. (2014). *Computational methods for corpus annotation and analysis*. Dordrecht: Springer.

Lu, X. (2022). What can corpus software reveal about language development?. In A. O'Keeffe & M. McCarthy (Eds.), *The Routledge handbook of corpus linguistics* (2nd ed., pp. 155-167). London: Routledge.

Lu, X., & Chen, B. (Eds.) (2019). *Computational and corpus approaches to Chinese language learning*. Singapore: Springer.

Lu, X., & Hu, R. (2022). Sense-aware lexical sophistication indices and their relationship to second language writing quality. *Behavior Research Methods*, 54(3), 1444-1460. https://doi.org/10.3758/s13428-021-01675-6.

Lu, X., & Wu, J. (2022). Noun phrase complexity measures in Chinese and their relationship to L2 Chinese writing quality: A comparison with topic-comment-unit-based measures. *The Modern Language Journal*, 106(1), 267-283. https://doi.org/10.1111/modl.12766.

Manning, C. D., Surdeanu, M., Bauer, J., Finkel, J., Bethard, S. J., & McClosky, D. (2014). The Stanford CoreNLP Natural Language Processing Toolkit. In *Proceedings of the 52nd Annual Meeting of the Association for Computational Linguistics: System Demonstrations* (pp. 55-60). Baltimore: Association for Computational Linguistics.

Meunier, F. (2016). Introduction to the LONGDALE Project. In E. Castello, K. Ackerley, & F. Coccetta (Eds.), *Studies in learner corpus linguistics: Research and applications for foreign language teaching and assessment* (pp. 123-126). Berlin: Peter Lang.

Vyatkina, N. (2016). The Kansas developmental learner corpus (KANDEL): A developmental corpus of learner German. *International Journal of Learner Corpus*

Research, 2(1), 101–119. https://doi.org/10.1075/ijlcr.2.1.04vya.

Wen, Q., Wang, L., & Liang, M. (2008). *Spoken and written English corpus of Chinese learners* [Handbook +CD-ROM]. Beijing, China: Foreign Language Teaching and Research Press.

Wulff, S., & Ellis, N. C. (2018). Usage-based approaches to second language acquisition. In D. Miller, F. Bayram, J. Rothman, & L. Serratrice (Eds.), *Bilingual cognition and language: The state of the science across its subfields* (pp. 37–56). Philadelphia/Amsterdam: John Benjamins. https://doi.org/10.1075/sibil.54.03wul.

第 2 章　二语使用中的差异

2.1 引　言

二语学习者拥有不同的语言水平、母语背景，以及其他与学习者相关的变量，他们在语言使用中的差异已受到二语习得研究领域的广泛关注。这些差异存在于语言产出和使用的各个方面，如词汇、语法、语用特征等。同时，与学习任务相关的变量（例如，用于引发学习者产出任务中的认知复杂性）也会导致二语学习者语言使用中的差异。系统地了解这些由学习者和学习任务不同变量造成的差异具有理论和应用价值。

本章回顾了应用语料库语言学方法探讨二语使用中造成差异的实证研究，首先讨论二语习得研究者关注的二语使用差异类别，以及测量这些差异的主要手段；然后系统地回顾了应用语料库语言学方法调查由学习者和学习任务不同变量造成差异的实证研究。在总结核心问题、主要研究视角和研究发现的基础上，本章聚焦了这些研究的理论基础和具体研究方法。需要注意的是，本章的回顾不包括专门关注对比研究二语和母语产出差异的文献，仅讨论不同语言特征和二语产出之间关系的文献。

2.2 二语使用中差异的测量

许多关于二语使用差异的研究都集中于二语学习者口语或笔语的复杂性、准确性和流利性（complexity, accuracy, fluency, CAF）（例如，Housen & Kuiken, 2009; Norris & Ortega, 2009; Wolfe-Quintero 等, 1998）。语言的复杂性，是“学习者整个中介语系统的动态属性，以及构成中介语系统的各个语言要素的更稳定的属性”（Housen & Kuiken, 2009:463），经常被描述为“完成任务时所产出语言的复杂程度和多样性”（Ellis, 2003:40）。准确性被定义为“第二语言知识与目标语言规范的一致性”（Wolfe-Quintero 等, 1998:4）或“第二语言表现出偏离规范的程度”（Housen & Kuiken, 2009:4）。流利性可以被理解为语言产出的流畅程度或轻松程度（Lennon, 1990），或者更具体地说，是“实时的语言产出，没有不必要的停顿或犹豫”（Ellis & Barkhuizen, 2005:139）。Ortega（2012）总结了研究二语产出语言复杂性的 3 个主要目的，即了解二语产出的语言复杂性是否随着二语语言水平的发展而提高,是否在不同的任务条件下和不同特征的任务中呈现系统性变化,以及是否随着语法结构的发展而提高。在二语习得研究中,对二语产出的准确性和流利性的研究也涉及类似的问题,如不同语言水平之间的差异、跨任务的差异和随时间推移而产生的差异。

学界在语言的 CAF 测量中使用了大量的整体和具体测量指标(例如,Lu,2017;Suzuki,2017;Wolfe-Quintero 等,1998)。语言复杂性研究主要集中在词汇复杂性和句法复杂性两个方面,这两个方面都被概念化为多维结构。词汇复杂性包括词汇密度(density)、多样性(diversity)和丰富性(sophistication)(Lu,2012)。词汇密度通常以文本中的实词数量与文本总词数的比率来衡量(Ure,1971)。词汇多样性反映了文本中所使用词汇的变化和非重复的程度(Yu,2010),通常使用类符/形符比(type-token ratio,TTR)来衡量,即文本中的类符(即不重复的词)数量与文本中的形符数量的比率。鉴于 TTR 往往随着文本长度的增加而减少,人们提出了 TTR 的各种转换形式以减少或消除文本长度效应,如 RTTR(Root TTR)(Guiraud,1960)、MATTR(Moving-Average TTR)(Covington & McFall,2010)、vocd-D 测量(Malvern 等,2004)、超几何分布 D(Hypergeometric Distribution D,HDD)(McCarthy & Jarvis,2007)和文本词汇多样性测量(Measure of Textual Lexical Diversity,MTLD)(McCarthy & Jarvis,2010)等。TTR 和它的一些转换形式也被用来评估特定类别词汇的多样性,如实词、修饰语和动词(Lu,2012)。词汇丰富性评估文本中"相对特别或高级的"词汇比例(Read,2000:203)。传统上词汇丰富性是以文本中的参考语料库的频率来操作的,要么是通过分析文本中属于大型参考语料库中不同频率的词汇比例(例如,Laufer & Nation,1995),要么是通过计算词汇的参考频率平均值(例如,Graesser 等,2004)。近期的一些研究使用了不同的词汇丰富性指标,涵盖了参考语料库频率之外的大量词汇和 N 元属性,以评估词汇学习的内在和相对难度(Bulté & Housen,2012)。例如,词汇丰富性自动分析工具(Tool for the Automatic Analysis of Lexical Sophistication,TAALES)(Kyle & Crossley,2015;Kyle 等,2018)提供了一大组指标,涵盖了词汇的各种特征,包括分布特征(例如,一个词在参考语料库文本中出现的范围)、形式特征(例如,语音和拼写唯一性指标)、语义特征(例如,多义性和上义关系程度指标)、习得性特征(例如,基于词汇习得年龄评级指标)和心理语言学特征[例如,测量词的具体性(concreteness)和熟悉性(familiarity)],以及一组能够反映几个 N 元属性(例如,参考语料库频率和范围)的指标。

句法复杂性通常被理解为语言产出中使用的语法结构的差异性、复杂性和精细程度(elaboration)(Housen & Kuiken,2009;Lu,2011;Ortega,2015;Wolfe-Quintero 等,1998)。学界普遍认为,句法复杂性应该被理解为一个多维的构念(multidimensional construct),不同结构层次的复杂性(例如,整体、从句、短语)应该使用关注复杂性不同方面（例如，数量、长度以及并列、从属和修饰的子类型）的方法来评估（例如，Norris & Ortega，2009；Lu，2017；Kyle & Crossley，2018）。目前已有大量用于测量句法复杂性的不同粒度、不同维度和方面的指标，其中许多指标可通过自动分析器获得。例如，L2SCA（Lu，2010）提供了14个句法复杂性的整体测量指标，这些指标在先前的研究中被证明与二语水平显著相关，或者之前已被Wolfe-Quintero等（1998）推荐为可用的指标。这14个指标分为5类：第一类包括3个测量句子、T单位和从句层面产出长度的指标，即平均句长，平均T单位长度和平均从句长度。在这些指标中，T单位被定义为"一个主句加上任何从属于它或嵌入的从句或非从句结构"（Hunt，1970：4）；从句被定义为带有主语和限定动词（Hunt，1965）的结构。第二类包括一个整体的句子复杂性的指标（即每句的从句数量）。第三类包括4个从属指标，即每个T单位中的从句数量，每个T单位中的复杂T单位，从句中的从属结构和每个T单位中的从属结构。第四类包含3种并列结构指标，即每个从句中的并列短语，每个T单位中的并列短语以及每个句子中的T单位数量。第五类包括3个短语指标，即每个从句中的复杂名词数量，每个T单位中的复杂名词数量，以及每个T单位中的动词短语数量。虽然这些整体指标已被证明在评估二语产出的句法复杂性方面行之有效，但研究者也认为需要更为精细的指标，以便充分反映特定从句和短语结构（Biber等，2016；Kyle & Crossley，2018）的使用差异，以及基于使用的句法丰富性指标，这些指标涉及了目标构式（如形式-意义映射；具体参见Tomasello，2003）中不同成分的频率和搭配强度（Kyle，2016）。在此基础上，TAASSC（Kyle，2016）提供了大量更精细的从句复杂性、短语复杂性和句法丰富性指标。除了两个计算从句中从属结构数量的均值和标准差指标外，从句复杂性指标计算的是每个从句（例如，每个从句中的名词性补语）中特定结构的平均数量。TAASSC中的短语复杂性包括了7种名词短语（即施事、直接宾语、间接宾语、名词主语、名词补语、被动名词主语和介词宾语）和10种短语从属词（即形容词修饰语、副词修饰语、连词and、连词or、限定词、名词修饰语、所有格、介词、关系从句修饰语和动词修饰语）。这些短语指标分为3种类型：每个短语类型的平均从属数量（例如，每个名词性主语的从属数量）、特定从属类型的数量（例如，副词修饰语的数量）以及每个短语类型中特定从属类型的平均数量(例如，每个名词补语的副词修饰语数量)。研究者还使用了COCA（Davies，2009）的学术、小说、杂志、报纸和口语5个子语料库中主要动词词目（lemmas）、VAC构式（verb-argument construction，VAC）和动词-VAC组合的频率信息来作为5组句法丰富性指标。在每一组子语料中，这些指标计算主要动词词目、VAC和动词-VAC组合的平均频率，TTR和百分比，使用几种关联性测量（association measures）方法来评估动词-VAC组合的平均搭配强度。学界对准确性也采用了广泛的整体和具体的测量指标。Polio和Shea（2014）在他们的综述中，将这些指标分为5类。

第一类包括使用各种整体性量表来评估语言产出的整体准确性，如 Hamp-Lyons(1991)的语言准确定性量表，或者在某些情况下，评估语言使用中的某个特定方面的整体准确性(如词汇)，或者同时评估两个或多个特定方面的整体准确性(如词汇和语法)。第二类由计算无错误单位的数量或比例的指标组成，最常见的是无错误 T 单位的比例和无错误从句的比例。第三类涉及错误数量的测量，如每篇文本、每个 T 单位、每个单词或每百个单词的错误数量，通常对错误的种类进行统计。第四类指标考察具体错误类型的数量，如在强制性语境中使用冠词的百分比和正确动词形式(时、体、情态和主谓一致)的百分比。第五类包括少量涉及错误严重程度的指标，如可分为 3 个等级严重程度的有错误 T 单位的比例。

这些准确性测量需要对某一特定用法是否错误进行人工判断，因此 Wulff 和 Gries(2011)提出了一种语料库驱动的(corpus-driven)学习者产出准确性的评估方法，该方法基于条件概率，不涉及二元(binary)人工判断。构式主义的语言研究方法(Goldberg，1995)将构式理解为存在于语言表征各个层面的形式-意义匹配，他们将二语产出中的准确性定义为“在特定的目标种类和体裁中，在其优先语境中对构式的选择(根据 Goldberg 对该术语的定义)”(p. 71)。该定义并没有将准确性视为一个二元概念，而是假定了以各种参数(例如，频率、语义透明度和语用功能)为特征的“不同图式化构式的连续体”，并将与构式的母语使用者类似的选择视为受这些参数或语境因素制约的“固有标量现象”(scalar phenomenon)(p. 71)。采用这一准确性定义的具体语料库语言学方法为“构式搭配分析(collostructional analysis)”(Gries & Stefanowitsch，2004)，指的是测量在不同语言层级上两个构式之间搭配的一系列指标。通过定量评估一个构式在另一个构式环境中的可能性，这些测量方法提供了关于学习者选择构式的母语化程度的信息，这样做尤其符合本方法中采用的准确性定义。一些基于使用或构式主义范式，对二语学习者构式知识或使用差异的学习者语料库研究都采用了构式搭配分析来考察二语用法在多大程度上接近母语用法，当然这些研究不一定总是明确地将其界定为测量准确性的方法(例如，Römer & Garner，2019)。

口语产出的流利性使用以下 3 个方面的指标进行测量：语速(speech rate)、修正(repair)和话语沉默/话语中断(silence/breakdown)(Michel，2019)。语速常用每秒产生的音节数来测量，修正指语音样本中错误启动(false start)、重复(repetition)和自我修正(self-repair)的数量[①]，话语沉默着眼于语音样本中停顿的数量、持续时间和位置。也有研究者主张使用说话时间占产出语音样本总时间的比例(Kormos & Dénes，2004)来测量该指标。Abdel Latif(2013)提出，研究者们将口语流利性的测量方法调整后用来评估写作流利性。例如，写作速率(在给定时间内产出的单词数量)指标来自语速指标，对文本做出的改变来自修正，停顿来自话语沉默/话语

① 原文中使用的“self-pair”是一个错误，应该为“self-repair”，本译文在此进行了更正。

中断。然而,Abdel Latif(2013)认为这些指标不能充分反映写作的实时维度,还可能受到各种任务特征变量(例如,计划时间)的影响。其他以产出为基础的写作流利性指标考察了特定修辞功能的语言特征或 T 单位或句子的数量和长度,但 Abdel Latif(2013)指出,此类指标主要评估写作的准确性或复杂性,而不是流利性。

随着对二语使用差异研究中 CAF 指标的关注,一些研究者考察了二语学习者特定语言特征或构式[如大写、通性代词(epicene pronoun)、话语标记、短语单位和 VAC]的知识和使用差异。虽然学界经常从频率、准确性、多样性以及所用形式的丰富性等方面对这些特征和构式进行定量分析,但对其结构和功能特征以及使用语境的定性分析也很常见。

2.3　与学习者相关的变量和二语使用中的差异

许多与学习者相关的变量可能会导致二语使用中的差异,包括学习者的二语语言水平、语言和文化背景、社会语言学特征(如年龄、性别和受教育程度),以及学习经历变量(如接触第二语言的年龄、过去学习经历和二语使用模式)(Gablasova 等,2019)。事实上,这些与学习者相关变量对二语使用差异的影响一直是二语习得研究的一个主要领域(例如,Mackey & Gass,2015)。虽然二语习得研究者在收集自己的二语数据来解决特定的研究问题时,可以使用现有的工具或设计可靠的方法来获得关于这些变量的信息,但那些在研究中使用现有学习者语料的学者受到语料中可用信息和收集变量信息的具体方式的限制,不同的学习者语料库在这两个方面存在巨大差异。

由于不同的学习者语料库中包含的变量类型存在较大差异,考虑到这些变量的重要性及其在二语习得研究中的信度,近期学习者语料库建设越来越重视这些变量。例如,作为"研究口语(互动)二语产出的最大语料库资源"(Gablasova 等,2019:127)的三一兰卡斯特语料库包括了每个学习者的英语语言水平(proficiency level)、母语背景、文化背景(按国家归属)、社会语言学特征(包括年龄、性别和受教育程度)、语言学习经历(包括首次接触英语的年龄、二语习得的语境)(例如,学校的外语课堂,讲英语的国家等),以及在每种学习语境中花费的时间。

在这些与学习者相关的变量中,现有的基于语料库的二语使用差异研究首先集中于二语水平的影响,其次是母语背景的影响,但除了个别研究外(Gablasova 等,2019),通常没有关注社会语言学变量或与语言学习经历相关变量的影响。这可能是由于二语水平和母语背景这两个变量在学习者语料库中比其他变量更常见。因此,本节其余部分将重点讨论二语水平和母语背景对二语使用差异的影响,同时响应 Gablasova 等(2019)的呼吁,建议学者在这一研究领域中更多地关注与学习者相关的其他变量。

2.3.1 二语语言水平

对不同语言水平的学习者二语产出差异的研究一直是采用横向设计的学习者语料库研究模式。Bachman(1990)将语言水平定义为“能够使用一种语言的知识、语言能力(competence)或技能,无论这些是如何、从哪里或在什么条件下获得的”(p. 16)。水平量表通常由一系列逐级上升的熟练程度等级或级别组成,这些能力等级或级别涵盖学习者语言水平的整个概念范围,或者更常见的是与特定学习环境、机构或部门相关,每个等级都具有一组特征,使其有别于量表(例如,欧洲理事会,2001)中的其他等级。显然,基于语料库的二语使用中的跨语言水平差异研究需要对所分析的学习者语料库中的口语或笔语样本进行语言水平标注,而这类研究结果的效度在很大程度上取决于语料库中语言水平定义的效度,以及对语料库中语言样本进行语言水平等级标注的信度。

一般的二语习得研究,特别是基于学习者语料库的研究,都对语言水平进行了有效的界定,对语料库中的语言水平进行可靠的标注。鉴于这两点的重要性,Carlsen(2012)对学习者语料库中用于给文本标注水平等级的一些最常见的方法进行了全面综述,并对以学习者为中心和以文本为中心的方法进行了全面的区分。以学习者为中心的方法是根据学习者的(与文本相对立)特征确定语言水平,如机构的地位(例如,学年、课程级别或在大学学习一门语言的年数),教师对学习者水平的判断,或者学习者在语言水平测试中的总体得分,这不仅反映了学习者的口语或写作水平,也反映了他们语言的整体水平。以文本为中心的方法仅根据文本的特征确定语言水平,而不考虑学习者的特征,如教师对文本水平的判断或基于评分量表的口语或笔语的整体得分。一些研究者对使用学习者的特征,特别是其所在的机构的地位来对学习者语言水平进行标注的信度提出了质疑,因为不同教育机构(例如,Thomas,1994)的赋值标注标准可能存在差异。而另一些研究者则认为,课程水平(program level)是评估学习者能力水平的一种有效的方法,至少在特定的课程项目中如此,因为它通常是通过基于标准的诊断性评估来确定的(例如,Wolfe-Quintero 等,1998)。水平测试的分数,无论是常模参照(norm-referenced)还是标准参照(criterion-referenced),抑或是学习者的机构地位,都提供了一个可靠的方法来评估二语学习者的语言水平。常模参照测试将一个学生或一组学生的分数与参照组的分数进行比较,而标准参照测试则将学习者的知识与预先确定的标准(如表现水平或标准)进行比较,以划分学习者对某一技能领域或整体学习目标的掌握程度。基于评分量表的口语或写作质量的整体分数为评估口语或写作质量提供了一个有效的方法,但不一定适用于评估整体语言水平。基于这一原因,最近的研究通常将二语使用的变化与整体口语或写作成绩的关系和其他二语水平的关系分开来进行研究。然而,这些分数可以与学习者在水平测试中的整体表现相结合，为按不同语言水平划分学习者提供依据（例如，Gablasova等，2019）。Carlsen（2012）针对将挪威语作为二语参加两次标准化测试的学习者，采用了一种稍微不同的方法来标注挪威成年人二语学习者的书面作文语料库中的文本。具体来说，每篇文章都由5～10名熟悉欧洲语言参考框架（Common European Framework of Reference for Languages，CEFR）描述语的评分者进行打分，然后将其匹配到CEFR量表中。这种方法被认为既可靠又具有广泛的可解释性。总而言之，虽然学习者语料库可能以这样或那样的方式对其所包含的文本的语言水平进行标注，但重要的是，要意识到各种可能的语言水平操作之间的差异，并使用适合本研究分析目标的有效和可靠的操作方式。此外，需要谨慎地使用不同的语言水平概念来解释研究的不同结果。

Lu（2011）是最早采用大规模学习者语料库分析方法系统考察不同语言水平学习者的二语写作句法复杂度差异的研究之一。先前大多数同一问题的研究均手动分析少量的二语写作数据，使用少量的句法复杂性指标，因为这种分析耗时且费力（labor-intensive）。由于这些研究在选择使用的指标和定义方面存在很大差异，因此关于同一指标的研究结果往往不一致。为了解决先前研究方法的局限性，利用当时新发布的L2SCA进行自动句法复杂性分析，Lu（2011）使用了一个大规模学习者语料库来检验L2SCA中的14个句法复杂性指标的效度，以及如何区分不同语言水平的学习者。L2SCA中的14个指标的选择基于Wolfe-Quintero等（1998）关于二语写作发展中CAF指标的研究综述中提出的建议。本研究使用的语料库是中国学生英语笔语语料库（Written English Corpus of Chinese Learners，WECCL；Wen等，2005），该语料库收集了来自中国9所大学英语专业本科生的①3 678篇议论文、叙事文和说明文（2 304篇为限时作文，1 252篇为非限时作文）。

Lu（2011）用学年来控制语言水平，并证明了这种测量操作的有效性，因为它与ESL背景下的课程级别具有可比性。具体来说，被同一英语专业录取的学生通常被期望具有相同的语言水平，他们都必须通过相同的英语必修课才能进入高一级年级。由于体裁、时间条件和机构都会显著地影响句法复杂性，因此本研究使用了来自同一所大学的422篇限时议论文的子库来评估4个学年之间的句法复杂性差异。

在14个指标中，有10个指标显著区分了相邻或不相邻的学年，不同语言水平之间的差异模式是Lu（2011）这项研究的主要分析重点。3种基于长度的测量指标随着语言水平的提高而呈现出增加的趋势。从句的平均长度在4个年级中都呈线性增长；1年级显著低于2～4年级，2年级明显低于4年级。句子的平均长度和T单位的平均长度在1～3年级呈线性增长，然后在3～4年级略有下降。这两项指标在1年级中都明显低于2～4年级，而在3～4年级的下降并不明显。句子复

① 其余的122篇作文因标注信息不完整而未包括在研究范围内。

杂性指标,即每句中的从句数量,在4个年级之间呈线性下降,只有在1年级和第4年级之间发现了唯一的显著差异。两个从句从属结构指标,即每个从句中的从属结构数量和每个T单位的从属结构数量,在1~2年级有所增加,然后在2~4年级呈线性递减,且2年级的值显著高于4年级。两个并列短语测量指标在1~3年级呈线性增长,在3年级和4年级之间保持稳定;1年级中的每个T单位的并列短语数量低于3年级,1年级中的每个从句的并列短语数量均低于3年级和4年级。在4个年级中,两个复杂名词的测量指标呈线性增长;每个从句的复杂名词数量和每个T单位中的复杂名词数量在1年级中都明显低于2年级和4年级,每个从句中的复杂名词数量在2年级中也明显低于3年级和4年级。在T单位的从句、T单位中的复杂T单位、句子的T单位和T单位的动词短语方面,在不同语言水平之间没有发现其具有显著性差异。

本研究以不同语言水平的中国英语学习者的议论文写作句法复杂性的差异,来支持句法复杂性与语言水平之间关系的几种假设。例如,在从句中的从属结构和T单位中观察到非线性模式,以及在从句和T单位中观察到的复杂名词结构的线性增长,为"从属关系呈非线性复杂化"(Ortega,2003:514)的发展预测提供了支持,其依据是高水平学习者的句法复杂化应该更多地体现在短语层面而不是从句层面。本研究采用自动化工具对大规模学习者语料库进行分析,使用了一套全面的指标,有效地扩展了先前关于二语写作句法复杂性跨语言水平差异的研究范围,并为不同指标之间更充分的比较提供了保障。然而,值得注意的是,研究结果和假设只能被解释为反映组别层面的模式和趋势,而非个体学习者层面的情况。此外,本章后面两节的讨论清楚地表明,即使是这种组别层面的模式和趋势,也可能受到各种学习者和任务变量的影响。

Römer和Garner(2019)使用来自三一兰卡斯特语料库样本(TLCS)、母语为意大利语和西班牙语学习者的数据集,研究了VAC在不同语言水平的二语学习者英语口语中的使用变化情况。该研究还考察了学习者母语背景的影响以及作为母语的英语使用对学习者VAC产出的潜在影响,我们将在第2.4节和第4章分别讨论这些影响。作为更大的三一兰卡斯特语料库的一个组成部分,三一兰卡斯特语料库样本包含129名参加伦敦三一学院英语口语等级考试(Graded Examinations in Spoken English,GESE)的母语为英语的考官和1 244名二语英语学习者的录音讲话转写文本。该语料库代表了拥有不同二语语言水平(CEFR量表中的中低级或B1、中级或B2、高级或C1/C2)和母语背景的学习者,他们在一次测试中都完成了3个或4个不同的口语任务:个人发言(仅C1和C2)、互动任务(仅B2~C2)、讨论(所有级别)和对话(所有级别)。研究者在分析中使用了TLCS的9个子库,每个子库分别代表3个语言水平(中低级或B1、中级或B2、高级或C1/C2组合)、2个母语背景(母语为意大利语和母语为西班牙语)和3个国家(意大利代表母语为意大利语,墨西哥和西班牙代表母语为西班牙语),共计 750 个样本(每个子语料库 60~100 个样本)。对于每个子语料库,他们检索了以下 5 个 VAC 的所有实例:"V *about* n"(例如,care about fashion),"V *for* n"(例如,ask for a taxi driver),"V *in* n"(例如,believe in ghosts),"V *like* n"(例如,look like real people),"V *with* n"(例如,talk with your cousin)。首先在 Sketch Engine(Kilgarriff 等,2014)中使用 CQL(语料库查询语言)句法搜索提取 about、for、in、like 或 with 之前的动词,可以带有一个插入词(犹豫标记词,如 er),然后手动过滤提取的实例,5 个目标 VAC 中总共得到了 7 067 个实例。

对于每个子语料库和每个目标 VAC,研究者创建了动词词目频率列表以及动词类符/形符概述(type-token overview),然后进行了两种形式的分析,以回答二语学习者的产出性动词构式知识是否随着语言水平的提高而变化这一研究问题。

首先,研究者比较了学习者语言水平和母语组中每个目标 VAC 的动词类符和形符分布情况。具体而言,他们比较了每个子语料库中最常出现的动词,并计算每个子语料库中每个 VAC 的归一化熵值,来衡量 VAC 中动词类符概率分布的不确定性。数值越低(接近 0),表示分布越不均匀和可预测;数值越高(接近 0),表示分布越均匀和不可预测。此外,还计算了 BNC(Burnard,2007)中每个 VAC 的归一化熵值,以提供母语使用基准值。归一化熵值分析表明,在所考察的 4 个目标 VAC 中,高级学习者(C1/C2)的动词形符和类符分布比中低级(B1)学习者更可预测,更接近英语母语用法,特别是对于"V *about* n"和"V *with* n"这样的构式,高水平学习者(C1/C2)的熵值是所有 3 个母语组中最低的。

其次,为了系统地比较每个子语料库中每个 VAC 中的动词,研究者还对 VAC 中的动词分布进行了相关性分析。具体来说,为了研究跨语言水平的差异,他们将每个学习者子语料库与母语用法(例如,母语为意大利语的 B2 级别与 BNC;每个目标 VAC 计算 9 个相关性)之间,以及每一对语言水平与母语之间的动词分布关联起来,保持母语不变(例如,母语为意大利语的 B2 级别与母语为意大利语的 C1/C2 级别;每个目标 VAC 计算 9 个相关性)。结果显示,在 3 个母语组中,C1/C2 水平与母语的相关性高于 B1 水平,这表明与低水平的学习者相比,高水平的学习者在 VAC 中产出的动词更类似于母语为英语的使用模式。研究结果进一步显示,在所有 3 个母语组中,相邻的语言水平(即 B1 对 B2,B2 对 C1/C2)比不相邻的语言水平(即 B1 对 C1/C2)的相关值更强,表明相邻语言水平的学习者在 VAC 中产出的一系列动词比相距较远的语言水平的学习者更为相似。

Römer 和 Garner(2019)利用 TLCS 中包含丰富学习者变量的大规模口语数据这一优势,在前人研究的分析方法的基础上,扩展了前人研究中关于二语英语 VAC 动词产出在不同语言水平之间存在差异的研究发现——前人这些研究要么范围较窄(例如,仅将高水平学习者与母语为英语的人进行比较),要么数据样本较少(Ellis & Ferreira-Junior,2009;Eskildsen,2009)。这两位研究者在考察不同语言水平差异时严格地控制了母语背景的影响,也呼吁在未来的研究中更密切地关注处于不同语言水平的学习者所要完成的口语任务所带来的潜在影响。

Gilquin(2019)在另一项使用 TLCS 对不同语言水平的二语学习者的构式知识和使用差异的研究中,考察了不同语言水平 EFL 学习者和 ESL 学习者英语口语轻动词构式(light verb constructions,LVC)的使用差异。由虚化动词(一般来说,高频动词在语义上是虚化的,例如,get、make、take)和事件名词(例如,have a look、take a walk)构成的 LVC 对二语英语学习者来说存在习得困难(例如,Altenberg & Granger,2001)。研究者使用 Römer 和 Garner(2019)的研究中所采用的 3 组数据(即来自意大利、墨西哥和西班牙的学习者)来代表 EFL 学习者。此外,260 名来自印度英语学习者的数据也被用来代表 ESL 学习者,在 B1、B2 和 C1/C2 水平上分别有 116、107 和 37 名学习者,1 124 名来自以英语为母语的考官在所有讨论和对话任务中的数据被用作参考语料库。因此,该项研究共分析了 13 个子语料库:4 个学习者群体中的每一个都有 3 个子库(每一个子库对应一个语言水平),还有一个是母语为英语的参考库。研究者为以下 3 个词目 MAKE、TAKE 和 GIVE 分别生成了一个索引行,然后手动检查每条索引行以确定其是否包含 LVC。最终研究者在 13 个子语料库中共确定 1 503 个 LVC。

在 EFL 学习者中,LVC 的归一化频率在 3 个语言水平级别中都有一定程度的稳定增长。B1 级学习者使用的 LVC 明显少于 C1/C2 级学习者,而 B1 级和 C1/C2 级学习者使用的 LVC 都明显少于以英语为母语的考官。然而,3 个动词的 LVC 变化模式不同。与英语为母语的考官相比,所有 3 个级别的 EFL 学习者都少用了 GIVE 的 LVC,B1 和 C1/C2 级的学习者也少用了 MAKE 的 LVC,而所有 3 个级别的学习者都大量地使用了 TAKE 的 LVC。定性分析表明,EFL 学习者能力水平的提高伴随着 LVC 的语义抽象性和句法复杂性的增加。例如,来自西班牙的 B1 级学习者在与 MAKE 搭配的 LVC 中使用了两个具体的名词(例如,film 和 picture),而来自西班牙的 C1/C2 级的学习者则使用了一系列抽象的名词(例如,change、discovery、difference、effort 和 mistake)。在句法复杂性方面,与 B1 级的学习者相比,C1/C2 级的学习者在带有两个论元的被动语态中使用 LVC 的频率更高,即一个主语加上一个直接宾语(例如,"he was afraid of being given a... treatment...")或一个 by-施事(例如,"the single most important... was... the allegations made by...")，而前者主要使用主动语态或带有单一论元的被动语态(例如,"the film was made in a small village...")。

与 EFL 学习者相比,ESL 学习者在使用 LVC 方面表现出不同语言水平之间的差异模式。B1 水平的 ESL 学习者和以英语为母语的考官之间的 LVC 的归一化频率具有可比性,在 B2 水平 LVC 的频率下降不明显,但在 C1/C2 级别,LVC 的频率上升到明显高于 B1 水平和以英语为母语的考官的水平。换句话说，虽然 B1 水平和 B2 水平的 ESL 学习者使用 LVC 的频率与母语为英语的考官相当，但那些处于最高水平的学习者却比母语为英语的考官更多地使用 LVC，研究者认为这其中存在一些疑问。研究者分别对带有这 3 个动词的 LVC 进行分析之后，3 个水平的学习者在这 3 个动词的使用频率上没有显著差异；与母语为英语的考官相比，B1 水平和 B2 水平的学习者过度使用 MAKE，而 B2 和 C1/C2 水平的学习者过度使用 TAKE。ESL 学习者也被发现使用句法复杂性更高的 LVC，这体现在他们更多地使用被动语态，包括一些在 EFL 数据中没有的三个论元被动构式的情况（例如，"I've been given many suggestions by my parents"），更频繁地对使用由动词派生的名词作为前置修饰语（例如，"take the few basic steps"）、并列动词前名词（preverbal nouns）（例如，"gives them all the love and caring"），以及不同类型复杂性的组合。

研究者的结论是，三一兰卡斯特语料库中的数据可以用来有效地探索不同语言水平的 EFL 和 ESL 学习者，以及以英语为母语的人在使用 LVC 方面的差异。EFL 和 ESL 学习者都以不同的方式使用带有不同动词的 LVC，这表明在分析不同语言水平之间的 LVC 使用差异时，考虑这类构式中使用的特定动词是有用的。总体而言，随着 EFL 学习者英语语言水平的提高，他们倾向于更频繁地使用具有更强语义抽象性和句法复杂性的 LVC，更接近以英语为母语的用法。然而，随着英语语言水平的提高，ESL 学习者倾向于过度使用轻动词构式，研究者将这种倾向解释为构式"泰迪熊效应"（teddy bear effect）。这些结果凸显了在考察第二语言不同语言水平之间用法的差异时考虑学习者习得语境的重要性。虽然本研究与 Römer 和 Garner（2019）的研究类似，但研究者提醒，由于语料库中的数据只代表考官与考生之间的互动，这可能与自发的互动不同，因此研究结果存在潜在的任务效应。

除了发现二语写作句法复杂性和不同语言水平的二语学习者对特定构式的知识和使用存在差异外，还有一系列学习者语料库研究考察了不同语言水平的二语学习者多词序列（multi-word sequences）或短语单位使用的差异。例如，Staples 等（2013）研究了 3 个不同水平的二语英语学习者在 TOEFL iBT（新托福）考试书面回答中词块（lexical bundles）的使用差异。词块是指语料库中同时满足频率和范围（例如，就它们出现的不同文本的数量而言）阈值的 3 个或 3 个以上单词的连续序列（例如，in light of the），不考虑它们在结构上或者语义上是否完整（Biber 等，1999）。研究者使用了 480 名二语英语学习者（每个学习者两篇）在 TOEFL iBT 的两项写作任务（综合写作和独立写作）的 960 篇书面文本的语料库，共 249 417 个单词。所有文本都按五分制打分，以半分递增，计算出每个学习者两篇文本的平均分，然后根据平均分将学习者分为以下 3 个语言水平：低（1.00~2.75 分；170 名学习者）、中（2.76~3.75 分；165 名学习者）和高（3.76~5.00 分；145 名学习者)。研究者使用 R 语言检索 4 词序列,并确定它们是否符合分析标准(即出现在为两个或为更多不同写作提示而写的 12 篇或更多文本中)。如果这些序列出现在一个提示中并与写作主题明确相关,则将其归类为基于提示的词块;其他的词块则被归类为基于非提示的词块。研究者对每个学习者的提示性和非提示性词块的归一化形符出现率(每百单词)进行了计算。在语料库中出现 25 次以上的非提示性词块在功能上被分为指称词块(referential bundles)、立场词块(stance bundles)和语篇组织词块(discourse organizing bundles);它们也被归类为固定词块(如果所有 4 个词位在 50%或以上的时间里由相同的词来填充)或可变词块(如果 4 个词位中至少有一个在 50%或以上时间里由不同的词来填充)。

在这项研究中,他们发现,词块的归一化形符出现频率随着学习者水平的提高而降低,低水平学习者对提示型词块的依赖程度高于其他两组。功能分析表明,3 个水平的学习者所使用的 3 种类型的词块的百分比在很大程度上具有可比性。3 组学习者都使用最多的态度/评价立场词块(例如,agree with the statement、I am interested in)来表达对话题的看法,而他们只使用了两个指称词块(例如,are a lot of、there are a lot)来表达对实体的指称。对词块固定性的分析显示,不同语言水平之间的差异较小,3 个水平组使用的所有词块中约有 90%是固定词块。总的来说,研究者的结论是,学习者更多依赖由直接语境提供的固定语序词块,但随着他们语言水平的提高,他们会转向自我构建的语言使用模式。研究者进一步认为,词块的功能和固定性在不同语言水平之间缺少差异性的可能原因是,学习者对立场和语篇组织词块的接触多于对指称词块的接触,对固定语序词块的接触多于对可变语序词块的接触,并建议在教学中加强对指称词块和可变语序词块的关注。

Garner(2016)指出,Staples 等(2013)对可变词位语块的分析"并没有充分揭示学生使用的变异程度"(p. 35),因为他们只将包含一个或多个词位且在 50%时间内有变化的语块归类为可变词块,并且只分析了这些词块相对于固定语序词块的比例。为了弥补这一不足,研究者采用短语框架的方法,考察了 5 个不同语言水平、母语为德语的 EFL 学习者在可变多词序列产出上的差异。研究中使用的数据来自 EFCAMDAT(Geertzen 等,2014),在研究者进行这项研究时,该数据库包含了 3 300 万词的 EFL 学习者在 Englishtown Education First 网校课程所写的文本。Englishtown 课程包含从 CEFR 的 A1 到 C2 的 16 个级别,每个级别的课程包括 8 个单元,学习者在每个单元结束时完成一项基于写作提示的书面作业,例如写 1 篇辩论性文章或 1 篇摘要。研究者使用了语料库的德语部分,其中包含了由具有德国国籍的学习者产生的约 2 200 000 个单词的 28 000 个文本,排除了少量 16 级(C2)的文本。

研究者遵循了 Römer(2010)对短语框架的定义,即经常出现的多词序列,除了一个内部可变词位外完全相同,该词位可以由不同的词填充(例如,the * of the,其中可变词位由 * 表示且由诸如 beginning、end 和 size 等词填充)。使用自动文本分析工具 KfNgram(Fletcher,2002—2007)在 5 个级别文本中提取单独的 4 词短语框架列表,然后对自动提取的短语框架列表进行手动过滤,排除包含与学习者或文本识别相关的元数据(metadata)序列、在开头或结尾有开放词位(例如,* as well as)的序列、与高频短语框架重叠的序列(例如,the fourth * of 和 four * of my,这些都是 5 词短语框架 the fourth * of my 的一部分,在这种情况下,只保留具有最高频率的短语框架),或者不构成有意义单位的序列(例如,the * twice a,其中可变性词位由 floor 和 dogs 填充)。在过滤这些短语框架并纠正所有拼写错误后,研究者确定了每个语言水平的前 100 个最常见的 4 词短语框架以供进一步分析。为了评估不同语言水平间的短语框架使用差异,研究者计算了每个语言水平上每个短语框架的变体/短语框架的比率(VPR=变体数/短语框架类符频率),并将短语框架分为高度可变(VPR>.70)、可变(.30≤VPR≤.70)或固定(VPR<.30)。为了评估不同语言水平之间的短语框架使用差异的可预测性,研究者计算了每个语言水平中每个短语框架的可预测性得分(PS=在填充可变词位的单词中最常出现的单词在短语框架形符中的百分比),并将短语框架分为高度可预测(PS>75%)、可预测(25%≤PS≤75%)或不可预测(PS<25%)。最后,为了评估不同语言水平之间短语框架使用差异的结构和功能特征,研究者在结构上将每个短语框架划分为基于动词的框架、基于实词的框架或功能词的框架,在功能上将每个短语框架分类为指称表达、立场表达、话语组织表达或特殊对话表达。

研究结果显示,前 100 个最常见短语框架的归一化频率总体上随着学习者的语言水平提高而下降。短语框架的变异性通常随着从低到高的语言水平增加,C1 水平的学习者使用的可变或高度可变的短语框架显著多于其他所有水平的学习者,B2 水平的学习者使用的可变或高度可变的短语框架显著多于 A1 水平和 A2 水平的学习者。短语框架的可预测性从低水平到高水平呈现下降趋势,并且在 A1 水平和 C1 水平之间存在显著性差异。在短语框架的结构特征方面(以不同结构类型的短语框架的百分比表示),没有发现不同语言水平之间存在显著性差异。在短语框架的功能方面,发现 B2 水平和 C1 水平的学习者使用短语框架来满足更多种类的话语功能,而 A1 水平和 A2 水平的学习者则较少使用。

语言水平高的学习者比语言水平低的学习者,更倾向于使用较多可变且不太可预测的短语框架来满足更多种的话语功能,针对这一发现,研究者提供了两种可能的解释。首先,从基于使用的角度来看,语言水平高的学习者很可能接触到更多的短语框架实例,输入的增加有助于将短语框架固化在他们的语言存储中,并增加短语框架所能展示的变异性。其次,他们所需完成的交际任务的复杂性增加很可能也影响了短语框架的变异性,因为更多变异的短语框架需要满足更多种语境的交际需求。研究者提出的第二个解释再次体现了先前讨论过的关于考察二语使用差异中任务效应的重要性。

将对不同语言水平之间的短语单位使用差异的研究兴趣与基于使用的句法丰富性的评价方法(例如,Kyle,2016)相结合,Paquot(2019)提出了一组新的短语复杂性测量方法(包括短语多样性和丰富性),并研究了不同语言水平二语笔语中短语复杂性的差异。研究中使用的学习者文本来自特殊用途英语变体数据库(Varieties of English for Specific Purposes database,VESPA),该数据库包含了由法国 EFL 学习者为鲁汶大学语言学课程撰写的 98 篇研究论文(平均每篇 3 436 个词)。每篇文本由两名专业评分员(在意见不一致的情况下还需第三名裁决员)使用 CEFR 语言能力(linguistic competence)描述语对其语言水平进行评估,所有文本被评定为 B2 级(25 篇文本)、C1 级(62 篇文本)或 C2 级(11 篇文本)。研究者在开发短语多样性和丰富性测量方法时考虑了三种依存关系类型的词组,即形容词+名词(amod,例如 overwhelming+majority)、状语修饰词+形容词、副词或动词(advmod,例如 evenly+distribute)以及动词+直接宾语(dobj,例如 fill+gap)。为了从语料库中识别出依存关系,研究者首先使用 Stanford CoreNLP(Manning 等,2014)工具包对每个文本进行词形还原和词性标注,并使用 Stanford 类型依存关系对其进行切分标注,随后提取文本中经过词形还原和简化词性标注的所有词对。短语多样性使用每种依存关系的 RTTR 进行测量。短语丰富性有两种操作方式:一种是使用学术搭配列表(Academic Collocations List,ACL)(Ackermann & Chen,2013)中 amod、advmod 和 dobj 标记的比例;另一种是使用由二语英语学者撰写的已发表期刊文章的参考语料库中的 amod、advmod 和 dobj 依存关系的平均点间(mean pointwise)互信值。

在基于 ACL 的短语多样性测量和短语丰富性测量中,未发现不同语言水平之间存在显著差异。对基于互信值的短语丰富性的测量,从最低水平(B2)到最高水平(C2),每种依存关系的平均互信值都有所增加,并且在 amod 依存关系中发现了 B2 和 C2 之间的显著性差异,在 advmod 依存关系中发现了 B2 和 C1/C2 之间的显著性差异,在 dobj 依存关系中发现了 B2/C1 和 C2 之间的显著性差异。研究者认为,这些结果表明语言水平高的二语写作者不太依赖非搭配依存关系。这项研究对于中介语复杂性方面的研究具有很高的理论意义和方法论意义,表明有必要在此类研究中整合短语复杂性的构念,并证明"语料库语言学和自然语言处理能够提供操作此类构念各个维度的工具和技术"(p. 140)。

虽然本节只是对不同语言水平二语使用差异的学习者语料库分析做了简要回顾,但仍能反映出在这一研究领域中的一些相关方法和对这种差异本质的重要研究发现。不同的学习者语料库和相关研究使用了不同的语言水平的定义,但目前越来越倾向于用 CEFR 这样较为普遍的水平量表来衡量语言水平,以提高不同语料库和研究之间的可比性。大规模学习者语料库包含代表各种语言水平的学习者文本,再加上各种类型的语言分析自动化工具,这极大增加了不同语言水平二语使用差异研究的规模和范围(以文本数量、语言水平范围和分析语言特征的范围来衡量),但对于某些类型的分析(例如语境、功能)或者为了确保某些自动分析的可靠性,仍然需要进行手动分析。以上所回顾的研究表明,不同的语言使用维度和不同语言水平之间可能存在不同的差异模式,某些语言水平的语言使用维度之间不具有差异性,这样的发现并不与某些二语习得理论的预测相矛盾。其中一些研究还指出,为了充分解释不同语言水平学习者之间的差异,需要考虑其他学习者和任务相关变量所带来的影响。我们将在下一节讨论母语背景对二语使用差异的影响。

2.3.2　母语背景

在二语习得研究中,学习者的母语知识与二语使用之间的关系受到了广泛的关注。大量研究表明,二语学习者的母语知识和经历可以以不同方式影响他们的二语使用(例如,MacWhinney,2012),而他们的母语与二语之间的差异也可以影响二语形态-句法的发展和加工(例如,McManus,2015)。虽然一些学习者语料库包含来自单一母语背景的学习者产出的口语或笔语样本,如中国学生英语笔语语料库,但许多学习者语料库包含来自不同母语背景的学习者产出的语言样本,如三一兰卡斯特语料库和国际学习者英语语料库(Grangcr 等,2009)。将每个样本与学习者的母语背景信息明确标注的大规模学习者语料库,促进了基于语料库的母语对二语使用影响的研究,极大地扩展了这一研究领域的分析范围(例如,所考察的语言特征和母语群体)和/或关于这一主题的研究规模。

一些基于语料库的二语使用差异研究专注于二语学习者的母语背景对其口语或笔语中特定目标语言特征使用的影响,其中一个很好的例子是 Stormbom(2018)的研究。该研究调查了英语母语者使用通性代词(epicene pronouns)he、he/she 和 they 与具有不同母语背景的二语英语写作者之间的差异,选择这些代词的目的是将其作为二语写作中非性别歧视语言使用程度的指标。对于二语写作数据,研究者使用了 ICLE 的 13 个子语料库,代表以欧洲语言为母语的学习者,包括保加利亚语、捷克语、荷兰语、芬兰语、德语、法语[①]、意大利语、挪威语、波兰语、俄语、西班牙语、瑞典语和土耳其语。这些子语料库共包含 4 218 个样本(每个母语组有 231~514 个样本)、280 万词。作为对比的母语写作数据,研究者使用了英语本族语大学生议论文语料(Louvain Corpus of Native English Essays,LOCNESS)(Granger,1996),其中包含 232 个由以美国英语为母语的大学水平写作者,以及 204 个由以

① 原文中少了法语,译文在此予以补充,具体参见 Stormbom(2018)。

英国英语为母语的大学和 A-level 水平写作者产生的样本,总计 320 万词。研究者使用 WordSmith Tools 5.0(Scott,2008)从这两个语料库中提取了以下三种代词类型:通用(generic)he、并列代词(he or she、he/she、she/he)和单数 they(singular they)①。为此,研究者设计了一组包含潜在先行词的搜索词,包括不定代词,如 someone 和 everybody,以及限定词,如 the 和 each,以及语境所需要的词(即 3 种通性代词类型的所有形式),搜索词和语境所需要的词之间的最大间隔是 25 个单词。然后,手动检查了每个实例的上下文,排除了代词的指代用法。虽然母语和二语语料库中通性代词的归一化频率数量相当(每 10 万词中的比例分别为 103 和 105),但研究发现母语写作者比二语写作者更频繁地使用单数 they,较少使用通用 he。在 13 个二语子语料库中,有 7 个子语料库中的通用 he 使用频率显著高于母语语料库,即俄语、意大利语、法语、德语、荷兰语、捷克语和芬兰语。作为体现性别包容或无性别歧视的首选表达方式,4 个二语子语料库使用 he 或 she 和单数 they 的频率几乎一样(即保加利亚语、荷兰语、法语和挪威语),9 个二语语料库更频繁地使用 he 或 she,而母语语料库更频繁地使用单数 they。先行词类型似乎影响了母语和二语写作者对通性代词的选择,例如,在不定代词(例如,someone)的指代中,母语和二语写作者使用单数 they 的频率高于名词短语(例如,a person),而在指称 he 或 she 时使用单数 they 的频率则与之相反。研究者引用了 Bußmann 和 Hellinger(2003)的观点,将二语子语料库中的差异部分归因于母语的影响,并认为那些最频繁使用通用 he 的二语写作者的母语是"具有使用男性通用语传统的性别化语言"(p. 15)。在进一步讨论中,研究者将二语输入和二语写作者的社会文化背景(例如,与语言和性别相关问题的公众关注度)视为导致观察到的差异的额外因素。

Castello 和 Gesuato(2019)采用了与 Stormbom(2018)类似的研究设计,但关注的是口语表达中不同语言特征的使用。他们研究了来自不同母语背景的二语英语学习者在口语交流中词汇反馈语(lexical backchannels)的差异,反馈语被理解为积极倾听的信号和语篇能力(discourse competence)的重要表现。为了进行分析,他们使用 Sketch Engine 从三一兰卡斯特语料库样本中创建了一个子语料库,其中包括来自中国、意大利和印度的二语英语学习者为参加三一英语口语等级考试(GESE)的讨论、对话和互动任务制作的语音样本,这些学习者达到了 B2、C1 或 C2 的水平。他们关注了以下两个类别的词汇反馈语:趋同(Convergence)(类别 1)和确认请求(Request for Confirmation)(类别 2)。第一类包括 25 个词汇反馈语,如"absolutely""probably""I know""that's right"和"that's possible"等,而第二类只

① 根据 Herring(2014)的研究,当使用者不确定或不想指定一个人的性别时,可以使用"they"作为代词。这种用法通常用于避免性别偏见或尊重性别多元性。例如,"If someone needs help, they should ask for it."虽然这种用法会被认为是错误的,但已经被广泛接受。

包括一个词汇反馈语,即“really”。两位研究者独立检查了从子语料库中检索到的这些词汇的索引行,以确定它们是否为两个关注类别的反馈语,并通过讨论解决存在的分歧。三种母语背景的学习者都使用了所分析的词汇反馈语,其中类别 1 的使用频率高于类别 2。根据他们的研究发现,中国英语学习者最常使用这两个类别的词汇反馈语,并认为母语迁移在这里起了一定的作用,引用 Clancy 等(1996)的观察结果,即中国人倾向于使用“词汇内容丰富”的词汇反馈语,而不是感叹词和发声(vocalization)。他们进一步报告了 3 组学习者在表达相同功能时所使用的词汇反馈语的差异。具体来说,意大利的英语学习者以及语言水平较低的中国英语学习者倾向于使用表达不确定性的词汇来表达趋同,如“maybe”“possible”和“I think”;而印度的英语学习者则更喜欢使用表达确定性的支持性反馈语,如“right”和“sure”。研究者认为,这些差异可能部分归因于对话话题的差异,部分归因于二语学习者在他们的母语语言和文化背景中的语用行为迁移。尽管该研究将其分析范围限制在两个类别的反馈语和来自 3 个不同母语背景的二语学习者,但它为二语口语产出中与母语相关的词汇反馈语的使用差异提供了有价值的研究发现,为理解、评估和加强二语学习者的反馈语行为、互动的流利性和口语表达提供了有益的借鉴。

除了只关注二语学习者的母语背景对其二语使用差异的影响而不考虑其与二语语言水平(例如,不同水平的学习者集中在一起)的关系或交互作用的研究外,一些学习者语料库研究在考察母语对二语使用或习得的影响时,也或多或少地考虑了学习者的二语语言水平。Lu 和 Ai(2015)研究了不同母语背景的大学英语学习者在二语写作句法复杂性方面的差异,以验证先前基于语言水平的关于二语写作句法复杂性差异的假设在不同母语背景的学习者之间是否成立。他们的二语写作文本为从 ICLE 2.0(Granger 等,2009)中抽样的 1 400 篇议论文,其中每种母语背景的 EFL 学习者各 200 篇,包括保加利亚语、汉语、法语、德语、日语、俄语和茨瓦纳语。母语群体代表了 4 个语系:汉藏语系、日本语系、尼日尔-刚果语系和印欧语系。为评价语言水平,研究者使用 CEFR 写作描述语(Granger 等,2009)对每个群体的 20 篇随机样本进行质量评分,将汉语、日语和茨瓦纳语学习者划分为中高级,其他 4 种母语背景的学习者被划分为高级。为了与母语为英语的写作数据进行比较,研究者还从 LOCNESS 中提取了由美国大学生所产出的 200 篇议论文。他们使用 L2SCA 的 14 个指标分析了每篇文章,这些指标测量了句法复杂性的以下维度:整体句子复杂性(即每个句子的从句数量)、产出单位的长度(例如,从句的平均长度)、并列结构的数量(例如,每个从句的并列短语数量)、从属结构的数量(例如,从句的从属结构数量)和短语复杂性(例如,每个从句的复杂名词结构数量)。

根据研究,他们发现,当把所有二语写作者视为一个群体时,他们在 14 个指标中只有 3 个与母语群体有显著性差异。然而,当将 7 个二语群体与母语群体分别进行比较时,在所有 14 个指标中,母语群体与一个或多个二语群体之间呈现了显著性差异。更重要的是,研究者发现,与母语群体相比,在 3 个中高级二语群体(汉语、日语和茨瓦纳语)以及 4 个高级二语群体之间存在不同的差异模式,而且句法复杂性的群体间差异不能仅仅通过语言水平来解释,学习者的母语可能也在其二语写作的句法复杂性方面起了作用。研究者进一步讨论了他们的研究结果对先前关于句法复杂性与二语语言水平关系假设的意义。例如,先前的研究将更多使用并列结构与较低水平的二语语言水平相关联(Bardovi-Harlig,1992;Norris & Ortega,2009)。然而,他们的结果显示,3 个高级群体(法语、德语和俄语)比母语群体更多地使用了句子并列结构,而在 7 个群体中语言水平排名最低的汉语群体是唯一一个比母语群体更少地使用句子并列结构的群体。他们注意到这一观察结果与这一事实相吻合:汉语中两个独立从句的并列不一定需要使用并列连词,而可以通过标点符号来表示(Li & Thompson,1981)。

他们还初步指出,所研究的语言(7 种非英语母语和英语)之间的类型学相似性和差异性可能对不同学习者群体观察到的句法复杂性模式具有潜在影响。具体而言,4 个高级水平群体(保加利亚语、法语、德语和俄语)的母语与英语属于同一语系(即印欧语系),而 3 个中高级水平群体(汉语、日语和茨瓦纳语)的母语属于不同的语系(即汉藏语系、日本语系和尼日尔-刚果语系)。与中高级水平群体相比,4 个高级水平群体显示出与母语为英语的群体更接近的使用模式。然而,在这 4 个高级群体中,尽管德语在类型学上与英语最接近,而且母语为德语的学习者在所有学习者群体中语言水平最高,但母语为法语和保加利亚语学习者的使用模式与母语为英语的群体最相似。

他们的研究在很大程度上是描述性的,研究者虽然进行了尝试,但并未试图系统地解释学习者母语的哪些特征可能导致了所观察到的二语写作句法复杂度中与母语相关的差异。尽管如此,他们的研究结果强调了具有不同母语背景的二语学习者,即使是对于同一语言水平的学习者,二语写作的句法复杂性可能会有所不同。因此,二语写作句法复杂性的研究不仅需要关注学习者的母语背景,也可能需要关注母语和语言水平之间的相互作用。

在学习者语料库研究中,一种考虑二语语言水平的更直接的方法是在分析母语影响时明确控制二语语言水平。一个很好的例子是在前文第 2.3 节中讨论过的 Römer 和 Garner(2019)这项研究,该研究利用三一兰卡斯特语料库探讨不同语言水平、母语为意大利语和西班牙语的 EFL 学习者使用 VAC 的差异。除了第一个研究问题,即关于二语语言水平对学习者产生的 5 个目标 VAC 中动词-VAC 关联的影响外,第二个研究问题是探讨母语是否会对这些动词-VAC 的关联产生影响。研究者还对动词在 VAC 中的分布进行了相关性分析,具体是在每对母语群体之间对动词在 VAC 中的分布进行相关性分析,同时保持语言水平不变(例如,母语为意大利语的 B2 级别和母语为墨西哥西班牙语的 B2 级别;每个目标动词 VAC 有 9 个相关性)。分析结果显示,在控制了语言水平的情况下,意大利语、墨西哥西班牙语和伊比利亚西班牙语学习者群体之间存在很强的相关性,相关系数范围从 0.54(母语为意大利语的 B1 级别和母语为墨西哥西班牙语的 B1 级别,比较“V *for* n”的用法)到 1.00(母语为意大利语的 B1 级别和母语为伊比利亚西班牙语的 B1 级别,比较“V *like* n”的用法)。在研究者的分析中,他们得出结论:在他们调查的 5 个目标 VAC 中,拥有不同罗曼语背景的学习者在 VAC 知识以及动词在 VAC 中的使用方面非常相似。

最后,一些学习者语料库研究还考察了二语学习者的母语背景和二语语言水平对二语使用差异的相互作用。例如,Shatz(2019)研究了二语英语学习者的母语背景以及母语与语言水平的相互作用对学习者的大写能力的影响。他使用了 EFCAMDAT 的早期版本,其中包含由近 38 000 名代表 7 种不同母语的 EFL 学习者为完成 Englishtown 的课程作业写作的超过 133 000 个文本。语料库中约有 36%的文本包含错误标注,其中大写错误被标记为“capitalization”,表示学习者未能将一个词大写(例如,by Sunday)或大写了一个不应大写的词(例如,by Tomorrow)的情况。研究者使用学习者的国籍来界定他们的母语背景,其中 90%的人使用一种单一的母语,因为语料库没有直接提供学习者的母语信息。具体而言,分析中包括了由来自 7 个不同国籍的学习者在 1 级至 15 级之间写作的所有带有错误标注的文本,这些占比超过 90%的学习者使用一种单一的母语,而这些学习者的 6 级样本不足,同时其他国籍学习者的样本也不足以满足母语近似标准。Shatz(2019)的研究结果显示,所有拥有母语背景的学习者,特别是水平低的学习者都产出了大量的大写错误,无论是错误频率(每个词的错误数)还是比例(占所有错误的比例),大写不足(即未将应大写的词大写)比大写过度(即将不应大写的词大写)更常见。令人惊讶的是,那些母语与英语共享拉丁字母表的学习者产出了更多的大写错误,这表明(假设的)母语与二语之间的感知相似性增加了干扰。他还报告了学习者的二语能力水平和潜在母语影响之间的相互作用,不同母语背景的学习者在较高语言水平上存在差异。

综上所述,本节所回顾的研究表明,可以预期二语学习者的母语背景会影响到他们二语使用和习得的诸多方面(如句法复杂性),但不一定影响到所有方面,最好将学习者的母语背景和他们的二语水平的潜在影响放在一起进行探讨,而学习者的母语与目标二语之间的更多类型学相似性并不总是意味着使用模式更接近目标二语母语者的使用模式。在方法上,这些研究证明了包含来自不同母语背景的学习者所产出的口语或笔语样本的大规模学习者语料库,在研究母语对二语使用或习得差异的影响方面是非常有用的。同时,研究者也指出了有必要将不同任务类型和话题的影响综合考虑来更全面地了解二语使用差异的来源。我们将在下一节讨论学习者语料库中与学习任务相关的变量对二语使用的影响。

2.4 与学习任务相关的变量和二语使用中的差异

不同任务设计特点所产生的影响,例如认知复杂性对学习者语言使用的影响,一直是“任务型语言教学法”(task-based language teaching,TBLT)领域众多研究的焦点,已有大量文章发表(例如,Ellis,2003;Skehan,1998)。本领域的研究主要依托以下两个假说:有限注意力模型(Limited Attentional Capacity Model)(Skehan,1996,1998)和认知假说(Cognition Hypothesis)(Robinson,1995,2001;Robinson & Gilabert,2007)。学习者在口语和笔语中为了实现任务的不同交际和认知目的,所使用的语言表达中的 CAF 会受到任务认知复杂性的影响,对此这两个假说提出了不同的假设。从信息-加工角度,任务复杂性(task complexity)被定义为“任务结构施加于语言学习者的注意力、记忆、推理和其他信息处理需求的结果”(Robinson,2001:29)。Skehan(1996)认为任务应该是“可以根据某些原则进行排序的,而排序的基础就是任务反映了注意力资源的不同需求”(p. 51)。他为任务排序所设计的模型区分了任务的不同方面:语码复杂性(词汇和句法使用范围与难度的形式因素)、认知复杂性(认知加工和认知熟悉度)以及交际压力(例如,时间压力和交际方式)。Skehan(1998)主张注意力是有限的,据此提出了这样的假设:由于学习者不能将注意力平均配置到语言表达的各个维度,因此这些维度之间存在权衡关系(trade-off)。具体来说,根据他的假设,当学习者需要完成认知负荷较大的任务时,会将注意力集中到内容和流利性方面,复杂性和准确性这两个维度会竞争注意力资源。

Robinson(2001)对注意力持多资源观点,他提出的三元框架将认知任务复杂性和任务条件、任务难度区分开来。任务复杂性由两个认知维度构成:资源导向(例如,+/-要素、+/-此地和此时、+/-无推理要求)和资源消耗(例如,+/-计划、+/-单一任务、+/-先验知识),这两个维度会在设计任务时进行调整,“+”和“-”表示在任务中有无某一维度。这些认知维度构成了排序标准,基于这些标准来选择任务项。任务条件涉及任务互动性的要求,由参与变量(例如,开放与封闭答案;信息单向流动与双向流动;目标集中与目标分散)和参与者变量(例如,性别、是否相互熟悉、与任务角色是否熟悉、权势与等同地位)来决定。决定任务难度的不是影响任务复杂性的认知因素,而是学习者因素,包括情感变量(例如,动机、焦虑和信心)和能力变量(例如,语言学能、语言水平和智力水平)。Robinson(1995,2001)认为,对于独白式任务,在资源导向维度(例如,推理)增加任务复杂性会刺激学习者参与,将更多的注意力资源聚焦他们使用的语言形式,以满足更大的资源需求。这样做虽然可能造成学习者的产出不够流利,但会更准确,句法复杂性会更高。

大量的实证研究得出支持有限注意力模型和认知假说的结论(例如,Jackson & Suethanapornkul,2013;Skehan,2018),但研究发现有所不同,这是因为这些研究采用了不同方法控制任务复杂性和 CAF 的测量。Jackson 和 Suethanapornkul(2013)对 9 项比较研究进行了元分析(meta-analysis),探讨了在学习者产出中提高资源导向要求对 CAF 的总体影响。研究发现明确了对准确性轻微程度的正向影响(positive effects)(基于 9 项研究中的 39 个测量指标)和对流利性轻微程度的负向影响(negative effects)(基于 6 项研究中的 15 个测量指标),这样的发现支持认知假说,但在句法复杂性方面没有统计意义上的显著性(基于 9 项研究中的 17 个测量指标),因此不支持认知假说提出的正向影响。

正如 Alexopoulou 等(2017)指出的那样,虽然在对学习者语言的分析中,任务效应(task effect)的重要性在二语习得研究领域得到了广泛的关注,但大多数研究都是对照实验研究(controlled experimental studies),传统上不采用学习者语料库的方法。为了从概念到方法上展示如何将 TBLT 中的研究发现应用于学习者语料库数据分析,Alexopoulou 等(2017)所做的研究探索了基于学习者语料库的任务效应分析,具体观察当任务不同时,尤其是当任务复杂性、任务类型和教学重心所有不同时,学习者语言产出中的复杂性和准确性在整体上、在具体特征和语言结构方面如何变化。之所以将流利性排除在分析之外,是因为研究者关注的是二语写作中的产出情况。与采用实验方法并仔细控制任务设计的具体参数的研究不同,他们利用了从在线语言学习平台收集的学习者语料库提供的大规模学习者数据并进行了分析。具体来说,他们使用了 EFCAMDAT 第二版未公布的语料库,包括 174 771 名在英孚教育在线学校(Englishtown,EF Education First)学习英语、来自全世界各地的学生所产出的 1 180 543 个文本,并对这些文本进行了准确性和复杂性分析。为了测量准确性,研究者首先使用了由英孚学校教师提供的 24 个错误分类,来鉴别和计算错误频数①,然后检查在强制性语境下对介词和过去时的正确使用。这需要对文本使用 TreeTagger(Schmid,1994)进行词性(POS)赋码,由教师进行校对,识别出词汇用作介词和动词过去时的强制性语境,然后通过减去缺省(omission)和词形错误(misformation)而得出正确的使用频数,使用文本词汇多样性测量表(The Measure of Textual Lexical Diversity,MTLD)(McCarthy & Jarvis,2010)来测量整体词汇复杂性,使用以下 3 种测量方法来测量整体句法复杂性:平均句长、平均从句长度和 T 单位中从属结构数量。研究时还在词汇和句法复杂性

① 通常情况下,frequency 可以翻译成“频率”,指的是某个事件在一定时间内发生的次数,通常以百分比来呈现。但在统计学中,它可以指某个特定数值在某一范围内出现的次数,以个数的方式显示。在本书的翻译过程中,译者尽量去核对本书所回顾的原始研究,查看数据的呈现方式,以确定该单词的含义是“频率”还是“频数”,将无法确定的都翻译为“频率”。

中采用了细粒度的指标，如每句中 wh-结构数量、动名词-ing 形式的数量等。复杂性指标使用由 Vajjala 和 Meurers(2012)开发的代码体系进行计算，该体系融合了词汇复杂性分析器(Lexical Complexity Analyzer)(Lu，2012)和 L2SCA 中使用的句法复杂特征。

这两位学者使用了任务型教学框架中的分类和特征来描述语料库中的任务。例如，描写性写作任务要求学习者投诉游轮旅行，根据有限注意力模型(Skehan，1998)，这样的任务一般涉及的词汇负荷(vocabulary load)少，结构不太复杂，内容清楚。但从认知模型角度(Robinson & Gilabert，2007)，同样的任务具有很多相似的任务要素，涉及非此时此地(与此时此地相对)，需要推理和换位思考问题(perspective taking)。根据这些任务特点，按照有限注意力模型和认知模型，研究者做了涉及以下方面的 6 个假设：任务类型(描写、叙述和专业型)；每一个任务类型中的具体任务(投诉游轮和投诉餐厅的描述)；能够导致语言更准确和更复杂的教学侧重点。例如，根据 Skehen 提出的有限注意力模型，对词汇负荷要求低的任务会让学习者将注意力资源投入语言形式上，因此两位学者预测写求职信(专业型)和投诉游轮(描写型)这种对词汇负荷要求低的任务会使学生产出比其他任务更高的语言正确性、更复杂的句法(假设 1)。根据 Robinson 提出的认知模型，他们假设专业型任务的准确性更高，描写型任务的准确性低，因为前者比后者要求更复杂的语言表达(假设 2)，然后用准确性和复杂性的结果来对每一个假设进行验证。例如，由于游轮投诉任务的语言呈现中、低程度的复杂性，准确性没有明确的结论，因此假设 1 没有得到证实。而假设 2 也没有得到证实，因为虽然所有的专业型任务的语言准确性都很高，但叙述型任务之一(难忘的经历)的准确性也很高，与专业型任务中的简历(résume)是一样的[译者注：参见 Alexopoulou 等，2007：20]。这项研究起到了示范性作用，说明为什么在大规模学习者语料库中关注学习者语言的任务效应是至关重要的，以及语料库研究方法如何有效地补充 TBLT 的实验范式。

在一项针对写作题目、句法复杂性测量手段和写作质量评价这三者之间关系的研究中，Yang 等(2015)利用 Robinson 的认识假说来阐释 ESL 学习者议论文中话题对句法复杂性的影响，其中样本由 190 名 ESL 学习者的 380 份议论文组成，一共涉及两个话题，是 Weigle(2011)创建的更大的写作语料库的一部分，建立这个语料库的目的是验证 TOEFL iBT 大作文的自动评分系统。第一个写作提示要求学生讨论“人们是否过于关注个人外貌”(属于外貌话题)，第二个写作提示要求学生讨论“精心设计是否能帮助年轻人拥有美好的未来”(属于未来话题)。在任务复杂性方面，研究者认为这两个写作提示在大多数认知复杂性维度上没有太大的区别(例如熟悉度)，但这两个提示在资源导向维度中的因果推理方面有所不同。具体来说，研究者认为未来话题比外貌话题更能引发因果推理，因为前者要求学生证明为什么精心设计能够带来更好的未来。对这些样本,研究者采用 L2SCA 的修订版,用一共 8 个指标进行了自动句法复杂性分析:平均句长、句子中 T 单位数量、平均 T 单位长度、平均从句长度、T 单位中从属结构数量、从句中并列结构数量、从句中复杂名词短语数量和从句中非限定结构数量。在限定性从句方面,关于外貌话题的写作表现出更高的复杂性:从句长度更长,从句中并列结构更多,从句中复杂名词短语更多。在关于未来的话题中,样本呈现出更高的整体性句法复杂性和略高的从属性,具体表现为平均句长更长、T 单位中有更多的从属结构、从句中有更多的非限定结构。因此,研究者认为"因为因果推理需要并置两个或者两个以上的实体或者事件的关系,很可能未来话题会产出更多包含并列关系的多重命题句子"(p. 63)。他们进一步认为,由于外貌话题不需要因果推理,写作中只涉及一个内容或者命题,因此引发更多的描写,而不是命题。这两个话题的样本在总的 T 单位复杂性(平均 T 单位长度指标)和从句类型(句子中 T 单位数量指标)方面没有区别。以上这些研究发现证明了认知假说关于句法复杂性的部分假设(即整体句子复杂性和从属结构的数量),但其他指标没有得到证明。因此,他们的结论是具体的话题有可能引发一些句法复杂性特征,这意味着需要对 ESL 学习者议论文写作中句法复杂性的话题效应进行功能性解读。

的确,已经有学者系统地从功能角度,而非单纯的信息加工角度探讨学习者语言产出中的任务效应。已有体裁差异研究发现,不同体裁中语法复杂性特征的分布是由语境和交际目的决定的(Biber & Conrad, 2009)。受这些研究的启发,Biber 等(2016)认为"语言差异具有功能理据",而且主张功能和对应的不同语法特征的体裁分布"可以让人们具体预测会出现什么样的差异方式"(p. 640)。从功能角度,他们探讨了不同任务类型的语言样本中大量语法复杂性特征的使用差异,所使用的学习者语料库为参加 TOEFL iBT 考试的二语学习者产出的 2 879 个口语转写文本和 960 个写作文本,涉及 4 个主要任务类型:独立口语、综合口语、独立写作和综合写作。独立任务要求考生就某一话题表达个人观点,而综合任务要求考生描写和/或总结另一个文本的信息。他们预测写作文本会比口语文本呈现更高的语法复杂性,因为"有更多的机会进行计划",而由于"解释信息的交际目的不是汇报个人经历"(p. 650),所以综合任务文本比独立任务文本的语法复杂性更高。

所有这些文本都使用 Biber Tagger(Biber 等, 1999)进行了词汇-语法特征的自动赋码,然后对存疑的一些语法特征进行了自动和人工赋码订正。研究者探讨了在不同模式(口语与笔语)、不同任务类型(独立任务与综合任务)以及不同分数(高分与低分,或四分制的 1 分与 4 分)下 23 个特征的归一化频数(每千个单词)的变化。研究发现一些特征与口语和独立任务有关,包括副词、限定性状语从句和控制 to-结构(to-clause)的愿望动词(例如, want)。研究发现了更多的特征与写作和综合任务相关,包括词长、名词化结构和不同类型的名词短语修饰语(介词短语、名词+of-短语、定语形容词、名词前置修饰语、名词+that 从句、名词+to-结构、被动-ed 关系从句)。然而,研究者没有发现考生的分数与所研究的语法复杂性特征之间存在显著性差异。

研究者继续使用调整后的 28 个特征进行了多维(multi-dimensional,MD)分析,从"潜在的功能关联"分析这些维度(Biber 等,2016:646),包括 4 个维度:"写作与口语反馈""信息来源:文本与个人经验""抽象观点与具体描写/总结"和"个人陈述"。每一种维度都有一套对应的特征载荷(loadings)。例如,在"写作与口语反馈"维度上,正载荷(positive loadings)特征包括普通名词、具体名词、名词前置修饰语、介词短语、名词+of-短语、定语形容词、话题形容词、词长、限定性被动结构(finite passives)和名词后被动结构(postnominal passives)。这个维度上的负载荷(passive loadings)包括现在时动词、心理动词、情态动词、第三人称代词、由可能性动词控制的 that 从句、that 省略的 that 从句和限定性状语 that 从句。研究结果发现,在 TOEFL iBT 的任务类型中所有 4 个维度的差异都具有显著性,而且第一个维度与成绩之间具有显著性。因此,研究者得出的结论是:TOEFL iBT 考试中任务类型的差异与之前研究中口语和笔语体裁中的语言形式变化相关联,语言特征中的同现形式(co-occurrence patterns)比个人语言特征更明显。研究结果还表明,"根据口语与笔语、独立与综合任务类型相关的情景特征,预测任务类型之间的语言差异是可能的"(p. 641)。

在一项对 ESL 学习者两种写作体裁的语言发展研究中,Yoon 和 Polio(2017)的研究目标是探索复杂性的体裁差别的解释更符合认知假说还是 Biber 等(2017)提出的功能解释,这项研究成果在某种程度上受到 Lu(2011)研究的影响。Lu(2011)在研究中发现,在中国 EFL 大学生的议论文写作中,来自 L2SCA 的 13 项指标(全部 14 个指标中除句子中从属结构数量之外)都具有显著性,但这项研究没有尝试去解释体裁造成的差别。Yoon 和 Polio(2017)预测,与 ESL 学习者的叙述写作任务相比,议论文的复杂性更高,支持这一预测的主要论据是:如果在 ESL 学习者的写作和英语母语者的写作中都发现议论文的复杂性更高,那么"Biber 的解释是可能成立的,即类型差异与该类型所需的资源有关"。然而,如果 ESL 学习者的议论文复杂性更高,而英语母语者的不是这样,那么"不同类型体裁中增加的认知需求可能是造成差异的原因"(p. 282)。

Yoon 和 Polio(2017)的数据包括由在美国一所大学学习的 37 名 ESL 成年人学习者产出的 111 篇叙述文和 111 篇议论文(这些作文分 6 次在为期一个 15 周的学期里被收集),以及由 46 名主修教育的英语母语本科生产出的 46 份叙述文和相等数量的议论文,研究者对所有这些文本都分析了其中的一系列句法复杂性、词汇复杂性、准确性和流利性指标。句法复杂性的测量使用的是 L2SCA 中 14 个指标中的12个指标(不包括句子中从句数量和T单位中复杂T单位数量),词汇复杂性的测量采用了Coh-Metrix中的3个指标(Graesser等,2004),即平均词长、词频指标[即文章中所有单词的平均对数频率,使用的频率规范来自Baayen等(1995)的CELEX数据库]和vocd-D;准确性的测量方式是每百个单词中句法、形态、介词和拼写错误数量;流利性的测量方式是在30分钟时间内产出文本的单词数量。

研究者发现,在ESL写作中,议论文的8个句法复杂性指标均高于叙述文,包括3个长度指标(即平均句长、平均T单位长和从句长度)和5个短语指标(即句子、T单位中的并列结构数量,句子、T单位中的复杂名词结构数量,T单位中的动词短语数量)。然而,体裁效应对复杂性方面的从句并列结构(句子中T单位数量)和从属结构(从句和T单位中从属结构数量)没有显著影响。在词汇复杂性方面,议论文呈现了更高的词汇丰富性(更长的平均词长和更低的词频指标)和更低的词汇多样性(即更低的vocd-D)。在准确性和流利性方面,体裁区别没有显著影响。在英语母语者写作中所发现的议论文和叙述文的区别与在ESL中的区别相似。具体而言,议论文中3个程度指标(即平均句长、T单位和从句)和2个词汇丰富性指标(平均词长和词汇多样性)都更高,词汇多样性更低,而且这些差别都具有显著性。同样,体裁效应在从句中并列结构、从句中从属结构和流利性方面没有体现。短语指标中体裁效应的影响与在ESL写作中不同,议论文的从句中复杂名词性结构更多,而且具有显著性差别。但是,其他与短语相关的指标在议论文中也比在叙述文中高,说明英语母语者的写作与ESL学习者的写作显示了类似的趋势。基于这两类样本中词汇和句法复杂性中体裁效应的高度一致性,以及在ESL写作中两种体裁之间在准确性方面没有区别,两位研究者得出的初步结论是"功能的差别能够更好地解释体裁差异"(p. 292)。

除了研究二语产出中任务对CAF的影响外,一些研究者还探讨了任务类型对二语学习者语言使用中具体语言特征的影响。例如,Gablasova等(2015)研究了二语学习者4个任务的口语产出中认知立场表达的差异。他们的研究数据包含不同母语和文化背景的132名高水平二语学习者(C1/C2)的口语产出样本,这些样本来自TLC。每一位学习者需要完成一个独白式发言和3个互动型任务(对话、讨论和交流)。认知立场是一种评价性话语,用于表达观点,维持双方的关系和组织话语交流(例如,Hunston & Thompson,2000)。在分析中,他们聚焦了3种类型的认知标记词(epistemic markers),即副词类(例如,certainly、predictably、sort of)、形容词类(例如,impossible、unlikely、I am confident)和动词类(例如,appears、seems、I believe),采用3个步骤从文本中识别这些标记词。首先通过文献回顾列出候选标记词(例如,Biber等,1999),对10个样本进行人工分析,然后用MonoConc Pro(Barlow,2003)为每一个候选标记词生成一个索引行。最后,他们为每一个索引行进行人工标注，区分是否为认知立场用法，以此来确定候选形式主要用于标记认知立场，随后他们分析了候选标记的所有实例。

他们发现归一化（每10万词）后的认知立场标记词频数在交流任务中使用最多（25.74），之后是对话任务（23.34）和讨论任务（22.19），在独白式发言任务中频数最低（8.40）。重复测量方差分析（ANOVA）显示了任务类型的主要效应，在随后的两两比较中，独白式发言任务比其他三项任务的频数都低，讨论任务比交流任务频数低，这些差别都具有显著性。研究者进一步研究了二语学习者在4个任务中使用副词认知标记词来表达确定性（例如，certainly、definitely、for sure、no doubt、obviously 和 surely）和不确定性（例如，maybe、perhaps、possibly 和 probably）的差异。比较分析显示，发言任务引发了最高比例的确定性认知标记词（12.03%）和最低比例的不确定性认知标记词（39.18%），而交流任务引发了最低比例的确定性认知标记词（2.86%）和最高比例的不认知标记词（61.98%）。对二语学习者在4个口语任务中所使用的31个认知标记词的分析显示，其中3个的使用比例占了65%（例如，I @ think、maybe 和 I @ know，其中的@表示允许两个词插入 I think 和 I know 之中）。总之，这些研究发现说明，在4个口语任务中，二语学习者所使用的认知立场标记词在数量和类型上呈现系统性变化。在对这些发现的讨论中，他们指出最主要的差别在于独白式发言和其他3个对话式任务之间，他们将此归因于这些任务的不同互动性。具体而言，认知立场标记词更常见于互动式任务，表达主观性，共同管理话语进展，管理对话双方的关系，而在独白式任务中主体间的关系不需要同样强度的协商管理。研究者将二语学习者所使用的认知立场标记词差异归因于表达不同程度的确定性和不确定性，在这4个任务中学习者需要扮演不同的角色，不同程度地控制不同话题。他们认为更倾向控制话题的学习者表达更强的确定性，例如，独白式任务让学习者拥有最强话题控制和语音流（speech flow），因此出现了最高比例的立场标记词用以表达确定性。而在互动式任务中，学习者需要与考官协商话题，对考官的立场与观点进行评价，需要使用模糊语（hedging）和弱化（downplaying），因此需要使用不确定性表达方式。

由于研究涉及了具有不同母语和文化背景的高水平学习者与4个不同的口语任务，因此研究者认为他们的这项研究"拓展了使用二语学习者语料库研究写作的研究领域，不仅仅是对口语和笔语的比较研究，而且更是深入地探讨了互动式口语任务类型中的差异"（Gablasova 等，2015：633）。他们进一步建议对大型不同口语任务的语料库进行细粒度的分析，这样可以更细致和全面地了解二语学习者的口语语用能力和交际能力（communicative competence）。

综合以上研究发现，这类研究证实任务设计特征能够极大地影响二语学习者的语言表达，例如形式（例如，写作与口语）、体裁（例如，叙述的、说明的和议论的）、任务类型（例如，综合的与独立的，独白的与互动的）、话题（例如，外貌话题与未来话题)。对这些任务设计特征造成二语差异的系统了解有助于任务型语言教学法的学习和教学评价。目前利用学习者语料库分析方法的研究数量还不够多,研究发现还不足以证实理论假设,如有限注意力模型或者认知假说。

这样的结论并不令人吃惊,因为实验对照研究领域的大量研究同样是没有定论的。同时,应用学习者语料库分析方法的研究还揭示了可以从功能和互动需求的角度探讨任务设计特征所带来的影响,这些特征要求使用者在特定的语境中使用某些语言特征来实现交际或者互动的目的。这些研究发现并不意味着信息加工、功能和互动目标具有相互竞争关系。事实上,已经观察到的不同任务效应很可能来自多个方面,即不同任务设计特征的信息处理需求、功能目的和/或交互需求与多维语言表现结构(如句法复杂性)的不同维度相互作用的复杂方式。任务效应的实验研究和基于语料库的研究都可以在未来引导人们更多地关注这种相互作用。

2.5　本章小结

在本章中,我们讨论了在学习者语料库研究中测量二语使用差异的一些常见方法,并回顾了一系列关于学习者和任务相关变量对二语使用差异产生影响的实证研究。能够进行不同类型语言分析的自动化工具和代表不同类型学习者与任务的大规模学习者语料库,极大地拓展了该领域现有研究的分析范围和数据处理规模。虽然复杂性(特别是包括词汇和句法复杂性)、准确性和流利性的多种维度是这一研究领域的重点,但借助新开发的测量手段和分类方式,许多研究已开始关注各种类型的结构、短语单位和特定的话语、语用与社会语言学特征。在与学习者相关的变量中,首先获得广泛关注的是二语水平;其次是母语背景。对这两个变量的研究表明,在语言使用的不同维度上,差异的模式可能会有所不同,证明在这个领域需要进行广泛的分析。有关母语背景影响的研究结果也提醒人们,不要仅仅用语言水平这一变量来解释二语使用各个方面的差异,这些研究发现也让学者深入了解了不同母语背景的学习者所面临的学习挑战。目前对其他与学习者相关的变量的关注较少,未来的研究可以利用使用越来越便利、对学习者变量进行赋码(例如,TLC)的大规模学习者语料库来探索这些变量对二语使用差异的影响。这些研究将拓展我们目前对具有不同特点的学习者差异的了解。已经有研究发现,与任务相关的不同变量对二语使用中的差异有明确的影响,并从认知、交际、功能和这些任务带来互动需求角度阐释了这些影响。但这些研究发现还没有定论,未来研究应探讨不同任务需要维度之间的互动如何解释任务效应。总之,在学习者和与任务相关的变量对二语使用不同维度差异的影响研究中,各种丰富和具体的研究发现有利于验证二语习得理论假设,促进教学和评价(例如,对于完成不同教学任务的、具有不同特征的学习者,应该关注哪些维度)。

参 考 文 献

Abdel Latif, M. M. M. (2013). What do we mean by writing fluency and how can it be validly measured? *Applied Linguistics*, 34(1), 99–105. https://doi.org/10.1093/applin/ams073.

Ackermann, K., & Chen, Y. -H. (2013). Developing the Academic Collocation List (ACL): A corpus-driven and expert-judged approach. *Journal of English for Academic Purposes*, 12(4), 235–247. https://doi.org/10.1016/j.jeap.2013.08.002.

Alexopoulou, T., Michel, M., Murakami, A., & Meurers, D. (2017). Task effects on linguistic complexity and accuracy: A large-scale learner corpus analysis employing natural language processing techniques. *Language Learning*, 67(S1), 180–208. https://doi.org/10.1111/lang.12232.

Altenberg, B., & Granger, S. (2001). The grammatical and lexical patterning of MAKE in native and non-native student writing. *Applied Linguistics*, 22(2), 173–195. https://doi.org/10.1093/applin/22.2.173.

Baayen, R. H., Piepenbrock, R., & Gulikers, L. (1995). *The CELEX lexical database* (*release* 2) [*CD*]. Philadelphia: University of Pennsylvania, Linguistic Data Consortium.

Bachman, L. F. (1990). *Fundamental considerations in language testing*. Oxford: Oxford University Press.

Bardovi-Harlig, K. (1992). A second look at T-unit analysis: Reconsidering the sentence. *TESOL Quarterly*, 26(2), 390–395. https://doi.org/10.2307/3587016.

Barlow, M. (2003). *MonoConc Pro* 2.2: A *professional concordance program* [Computer software]. Houston, TX: Athelstan. https://michaelbarlow.com.

Biber, D., & Conrad, S. (2009). *Register, genre, style*. Cambridge, UK: Cambridge University Press. https://doi.org/10.1017/CBO9780511814358.

Biber, D., Johansson, S., Leech, G., Conrad, S., & Finegan, E. (1999). *Longman grammar of spoken and written English*. New York: Longman.

Biber, D., Gray, B., & Staples, S. (2016). Predicting patterns of grammatical complexity across language exam task types and proficiency levels. *Applied*

Linguistics, 37(5), 639–668. https://doi.org/10.1093/applin/amu059.

Bußmann, H., & Hellinger, M. (Eds.). (2003). *Gender across languages: The linguistic representation of women and men* (Vol. 3). Amsterdam: John Benjamins. https://doi.org/10.1075/impact.11.

Bulté, B., & Housen, A. (2012). Defining and operationalizing L2 complexity. In A. Housen, F. Kuiken, & I. Vedder (Eds.), *Dimensions of L2 performance and proficiency: Complexity, accuracy and fluency in SLA* (pp. 21–46). Amsterdam: John Benjamins. https://doi.org/10.1075/lllt.32.02bul.

Burnard, L. (Ed.). (2007). *Reference guide for the British National corpus* (XML ed.). Oxford: Oxford University Computing Services. http://www.natcorp.ox.ac.uk/docs/URG/.

Carlsen, C. (2012). Proficiency level: A fuzzy variable in computer learner corpora. *Applied Linguistics*, 33(2), 161–183. https://doi.org/10.1093/applin/amr047.

Castello, E., & Gesuato, S. (2019). Holding up one's end of the conversation in spoken, English: Lexical backchannels in L2 examination discourse. *International Journal of Learner Corpus Research*, 5(2), 231–252. https://doi.org/10.1075/ijlcr.17020.cas.

Clancy, P. M., Thompson, S. A., Suzuki, R., & Tao, H. (1996). The conversational use of reactive tokens in English, Japanese, and Mandarin. *Journal of Pragmatics*, 26(3), 355–387. https://doi.org/10.1016/0378-2166(95)00036-4.

Covington, M. A., & McFall, J. D. (2010). Cutting the gordian knot: The moving-average type-token ratio (MATTR). *Journal of Quantitative Linguistics*, 17(2), 94–100. https://doi.org/10.1080/09296171003643098.

Council of Europe (2001). *Common European framework of reference for languages: Learning, teaching, assessment*. Cambridge: Cambridge University Press.

Davies, M. (2009). The 385+ million word corpus of contemporary American English (1990–2008+): Design, architecture, and linguistic insights. *International Journal of Corpus Linguistics*, 14(2), 159–190. https://doi.org/10.1075/ijcl.14.2.02dav.

Ellis, N. C., & Ferreira-Junior, F. (2009). Constructions and their acquisition: Islands and the distinctiveness of their occupancy. *Annual Review of Cognitive Linguistics*, 7(1), 188–221. https://doi.org/10.1075/arcl.7.08ell.

Ellis, R. (2003). *Task-based language learning and teaching*. Oxford: Oxford University Press.

Ellis, R., & Barkhuizen, G. (2005). *Analysing learner language*. Oxford: Oxford

University Press.

Eskildsen, S. W. (2009). Constructing another language: Usage-based linguistics in second language acquisition. *Applied Linguistics*, 30(3), 335-357. https://doi.org/10.1093/applin/amn037.

Fletcher, W. H. (2002-2007). *KfNgram*. Annapolis: USNA.

Gablasova, D., Brezina, V., & McEnery, T. (2019). The Trinity Lancaster Corpus: Development, description, and application. *International Journal of Learner Corpus Research*, 5(2), 126-158. https://doi.org/10.1075/ijlcr.19001.gab.

Gablasova, D., Brezina, V., McEnery, T., & Boyd, E. (2015). Epistemic stance in spoken L2 English: The effect of task and speaker style. *Applied Linguistics*, 38(5), 613-637. https://doi.org/10.1093/applin/amv055.

Garner, J. R. (2016). A phrase-frame approach to investigating phraseology in learner writing across proficiency levels. *International Journal of Learner Corpus Research*, 2(1), 31-68. https://doi.org/10.1075/ijlcr.2.1.02gar.

Geertzen, J., Alexopoulou, T., & Korhonen, A. (2014). Automatic linguistic annotation of large scale L2 databases: The EF-Cambridge Open Language Database (EFCAMDAT). In R. T. Millar, K. I. Martin, C. M. Eddington, A. Henery, N. M. Miguel, A. Tseng, A. Tuninetti, & D. Walter (Eds.), *Selected Proceedings of the 2012 Second Language Research Forum: Building bridges between disciplines* (pp. 240-254). Somerville: Cascadilla Proceedings Project.

Gilquin, G. (2019). Light verb constructions in spoken L2 English: An exploratory cross-sectional study. *International Journal of Learner Corpus Research*, 5(2), 181-206. https://doi.org/10.1075/ijlcr.18003.gil.

Goldberg, A. E. (1995). *Constructions: A construction grammar approach to argument structure*. Chicago: Chicago University Press.

Graesser, A. C., McNamara, D. S., Louwerse, M. M., & Cai, Z. (2004). Coh-Metrix: Analysis of text on cohesion and language. *Behavior Research Methods, Instruments, & Computers*, 36(2), 193-202. https://doi.org/10.3758/BF03195564.

Granger, S. (1996). From CA to CIA and back: An integrated approach to computerized bilingual and learner corpora. In K. Aijmer, B. Altenberg, & M. Johansson (Eds.), *Languages in contrast: Paper from a symposium on text-based cross-linguistic studies* (pp. 37-51). Lund: Lund University Press.

Granger, S., Dagneaux, E., Meunier, F., & Paquot, M. (2009). *International corpus of learner English* (Version 2.0). Louvain-la-Neuve: Presses universitaires de Louvain.

Gries, S. T., & Stefanowitsch, A. (2004). Extending collostructional analysis: A corpus-based perspective on 'alternations'. *International Journal of Corpus Linguistics*, 9(1), 97-129. https://doi.org/10.1075/ijcl.9.1.06gri.

Guiraud, P. L. (Ed.) (1960). *Problèmes et méthodes de la statistique linguistique* [*Problems and methods of statistical linguistics*]. Dordrecht: D. Reidel.

Hamp-Lyons, L. (1991). Scoring procedure for ESL contexts. In L. Hamp-Lyons (Ed.), *Assessing second language writing in academic contexts* (pp. 241-276). Norwood: Ablex.

Housen, A., & Kuiken, F. (2009). Complexity, accuracy, and fluency in second language acquisition. *Applied Linguistics*, 30(4), 461-473. https://doi.org/10.1093/applin/amp048.

Hunston, S., & Thompson, G. (2000). *Evaluation in text: Authorial stance and the construction of discourse*. Oxford: Oxford University Press.

Hunt, K. W. (1965). *Grammatical structures written at three grade levels* (NCTE Research Report No. 3). Champaign: National Council of Teachers of English. http://files.eric.ed.gov/fulltext/ED113735.pdf.

Hunt, K. W. (1970). Do sentences in the second language grow like those in the first?. *TESOL Quarterly*, 4(3), 195-202. https://doi.org/10.2307/3585720.

Jackson, D. O., & Suethanapornkul, S. (2013). The cognition hypothesis: A synthesis and meta-analysis of research on second language task complexity. *Language Learning*, 63(2), 330-367. https://doi.org/10.1111/lang.12008.

Kilgarriff, A., Baisa, V., Bušta, J., Jakubícček, M., Kovár, V., Michelfeit, J., & Suchomel, V. (2014). The sketch engine: Ten years on. *Lexicography*, 1(1), 7-36. https://doi.org/10.1007/s40607-014-0009-9.

Kormos, J., & Dénes, M. (2004). Exploring measures and perceptions of fluency in the speech of second language learners. *System*, 32(2), 145-164.

Kyle, K. (2016). *Measuring syntactic development in L2 writing: Fine grained indices of syntactic complexity and usage-based indices of syntactic sophistication* [Unpublished doctoral dissertation, Georgia State University, Atlanta].

Kyle, K., & Crossley, S. A. (2015). Automatically assessing lexical sophistication: Indices, tools, findings, and application. *TESOL Quarterly*, 49(4), 757-786. https://doi.org/10.1002/tesq.194.

Kyle, K., & Crossley. S. A. (2018). Measuring syntactic complexity in L2 writing using fine-grained clausal and phrasal indices. *Modern Language Journal*, 102(2), 333-349. https://doi.org/10.1111/modl.12468.

Kyle, K., Crossley, S. A., & Berger, C. (2018). The tool for the analysis of lexical sophistication (TAALES): Version 2.0. *Behavior Research Methods*, 50(3), 1030-1046. https://doi.org/10.3758/s13428-017-0924-4.

Laufer, B., & Nation, P. (1995). Vocabulary size and use: Lexical richness in L2 written production. *Applied Linguistics*, 16(3), 307-322. https://doi.org/10.1093/applin/16.3.307.

Lennon, P. (1990). Investigating fluency in EFL: A quantitative approach. *Language Learning*, 40(3), 387-417. https://doi.org/10.1111/j.1467-1770.1990.tb00669.x.

Li, C. N., & Thompson, S. A. (1981). *Mandarin Chinese: A functional reference grammar*. Berkeley, CA: University of California Press.

Lu, X. (2010). Automatic analysis of syntactic complexity in second language writing. *International Journal of Corpus Linguistics*, 15(4), 474-496. https://doi.org/10.1016/j.jslw.2015.06.003.

Lu, X. (2011). A corpus-based evaluation of syntactic complexity measures as indices of college-level ESL writers' language development. *TESOL Quarterly*, 45(1), 36-62. https://doi.org/10.5054/tq.2011.240859.

Lu, X. (2012). The relationship of lexical richness to the quality of ESL learners' oral narratives. *The Modern Language Journal*, 96(2), 190-208. https://doi.org/10.1111/j.1540-4781.2011.01232_1.x.

Lu, X. (2017). Automated measurement of syntactic complexity in corpus-based L2 writing research and implications for writing assessment. *Language Testing*, 34(4), 493-511. https://doi.org/10.1177/0265532217710675.

Lu, X., & Ai, H. (2015). Syntactic complexity in college-level English writing: Differences among writers with diverse L1 backgrounds. *Journal of Second Language Writing*, 29, 16-27. https://doi.org/10.1016/j.jslw.2015.06.003.

Mackey, A., & Gass, S. M. (2015). *Second language research: Methodology and design* (2nd ed.). New York: Routledge.

MacWhinney, B. (2012). The logic of the unified model. In S. M. Gass & A. Mackey (Eds.), *The Routledge handbook of second language acquisition* (pp. 211-227). New York: Routledge.

Malvern, D. D., Richards, B. J., Chipere, N., & Durán, P. (2004). *Lexical diversity and language development: Quantification and assessment*. New York: Palgrave Macmillan.

Manning, C. D., Surdeanu, M., Bauer, J., Finkel, J., Bethard, S. J., & McClosky,

D. (2014). The Stanford CoreNLP Natural Language Processing Toolkit. In *Proceedings of the 52nd Annual Meeting of the Association for Computational Linguistics: System Demonstrations* (pp. 55–60). Baltimore, MD: Association for Computational Linguistics.

McCarthy, P. M., & Jarvis, S. (2007). "vocd": A theoretical and empirical evaluation. *Language Testing*, 24(4), 459–488. https://doi.org/10.1177/0265532207080767.

McCarthy, P. M., & Jarvis, S. (2010). MTLD, vocd-D, and HD-D: A validation study of sophisticated approaches to lexical diversity assessment. *Behavior Research Methods*, 42(2), 381–392. https://doi.org/10.3758/BRM.42.2.381.

McManus, K. (2015). L1-L2 differences in the acquisition of form-meaning pairings in a second language. *The Canadian Modern Language Review*, 71(2), 155–181. https://doi.org/10.3138/cmlr.2070.51.

Michel, M. (2019). Complexity, accuracy, and fluency in L2 production. In S. Loewen & M. Sato (Eds.), *The Routledge handbook of instructed second language acquisition* (pp. 50–68). New York: Routledge.

Norris, J. M., & Ortega, L. (2009). Towards an organic approach to investigating CAF in instructed SLA: The case of complexity. *Applied Linguistics*, 30(4), 555–578. https://doi.org/10.1093/applin/amp044.

Ortega, L. (2003). Syntactic complexity measures and their relationship to L2 proficiency: A research synthesis of college-level L2 writing. *Applied Linguistics*, 24(4), 492–518. https://doi.org/10.1093/applin/24.4.492.

Ortega, L. (2012). Interlanguage complexity: A construct in search of theoretical renewal. In B. Kortman & B. Szmrecsanyi (Eds.), *Linguistic complexity: Second language acquisition, indigenization, contact* (pp. 127–155). Berlin: De Gruyter. https://doi.org/10.1515/9783110229226.127.

Ortega, L. (2015). Syntactic complexity in L2 writing: Progress and expansion. *Journal of Second Language Writing*, 29, 82–94. https://doi.org/10.1016/j.jslw.2015.06.008.

Paquot, M. (2019). The phraseological dimension in interlanguage complexity research. *Second Language Research*, 35(1), 121–145. https://doi.org/10.1177/0267658317694221.

Polio, C., & Shea, M. C. (2014). An investigation into current measures of linguistic accuracy in second language writing research. *Journal of Second Language Writing*, 26, 10–27. https://doi.org/10.1016/j.jslw.2014.09.003.

Read, J. (2000). *Assessing vocabulary*. Oxford: Oxford University Press. https://doi.org/10.1017/CBO9780511732942.

Robinson, P. (1995). Task complexity and second language narrative discourse. *Learning Language*, 45(1), 99–140. https://doi.org/10.1111/j.1467-1770.1995.tb00964.x.

Robinson, P. (2001). Task complexity, task difficulty, and task production: Exploring interactions in a componential framework. *Applied Linguistics*, 22(1), 27–57. https://doi.org/10.1093/applin/22.1.27.

Robinson, P., & Gilabert, R. (2007). Task complexity, the cognition hypothesis and second language learning and performance. *IRAL–International Review of Applied Linguistics in Language Teaching*, 45(3), 161–176. https://doi.org/10.1515/IRAL.2007.007.

Römer, U. (2010). Establishing the phraseological profile of a text type: The construction of meaning in academic book reviews. *English Text Constructions*, 3(1), 95–119. https://doi.org/10.1075/etc.3.1.06rom.

Römer, U., & Garner, J. R. (2019). The development of verb constructions in spoken learner English: Tracing effects of usage and proficiency. *International Journal of Learner Corpus Research*, 5(2), 207–230. https://doi.org/10.1075/ijlcr.17015.rom.

Schmid, H. (1994). Probabilistic part-of-speech tagging using decision trees. In *Proceedings of the International Conference on New Methods in Language Processing* (pp. 44–49), Manchester, UK.

Scott, M. (2008). *WordSmith Tools* (Version 5) [Computer software]. Liverpool: Lexical Analysis Software.

Shatz, I. (2019). How native language and L2 proficiency affect EFL learners' capitalisation abilities: A large-scale corpus study. *Corpora*, 14(2), 173–202. https://doi.org/10.3366/cor.2019.0168.

Skehan, P. (1996). A framework for the implementation of task-based instruction. *Applied Linguistics*, 17(1), 38–62. https://doi.org/10.1093/applin/17.1.38.

Skehan, P. (1998). *A cognitive approach to language learning*. Oxford, UK: Oxford University Press.

Skehan, P. (2018). *Second language task-based performance: Theory, research, assessment*. New York: Routledge.

Staples, S., Egbert, J., Biber D., & McClair, A. (2013). Formulaic sequences and EAP writing development: Lexical bundles in the TOEFL iBT writing section. *Journal of English for Academic Purposes*, 12(3), 214–225. https://doi.org/10.1016/j.jeap.2013.05.002.

Stormbom, C. (2018). Epicene pronouns in intermediate to advanced EFL writing. *International Journal of Learner Corpus Research*, 4(1), 1-22. https://doi.org/10.1075/ijlcr.16016.sto.

Suzuki, M. (2017). Complexity, accuracy, and fluency measures in oral pre-task planning: A synthesis. *Second Language Studies*, 36(1), 1-52.

Thomas, M. (1994). Assessment of L2 proficiency in second language acquisition research. *Language Learning*, 44(2), 307-336. https://doi.org/10.1111/j.1467-1770.1994.tb01104.x.

Tomasello, M. (2003). *Constructing a language: A usage-based theory of language acquisition*. Cambridge, MA: Harvard University Press.

Ure, J. (1971). Lexical density: A computational technique and some findings. In M. Coultard (Ed.), *Talking about text* (pp. 27-48). Birmingham, UK: English Language Research, University of Birmingham.

Vajjala, S., & Meurers, D. (2012). On improving the accuracy of readability classification using insights from second language acquisition. In *Proceedings of the 7th Workshop on Innovative Use of NLP for Building Educational Applications* (pp. 163-173). Montreal, Canada: Association for Computational Linguistics.

Weigle, S. C. (2011). Validation of automated scores of TOEFL iBT tasks against nontest indicators of writing ability. *ETS Research Report Series*, 2011(2), i-63. https://doi.org/10.1002/j.2333-8504.2011.tb02260.x.

Wen, Q., Wang, L., & Liang, M. (2005). *Spoken and written English corpus of Chinese learners*. Beijing, China: Foreign Language Teaching and Research Press.

Wolfe-Quintero, K., Inagaki, S., & Kim, H. Y. (1998). *Second language development in writing: Measures of fluency, accuracy, and complexity*. Honolulu: University of Hawai'i, Second Language Teaching and Curriculum Center.

Wulff, S., & Gries, S. T. (2011). Corpus-driven methods for assessing accuracy in learner production. In P. Robinson (Ed.), *Second language task complexity: Researching the Cognition Hypothesis of language learning and performance* (pp. 61-88). Amsterdam: John Benjamins. https://doi.org/10.1075/tblt.2.07ch3.

Yang, W., Lu, X., & Weigle, S. C. (2015). Different topics, different discourse: Relationships among writing topic, measures of syntactic complexity, and judgments of writing quality. *Journal of Second Language Writing*, 28, 53-67. https://doi.org/10.1016/j.jslw.2015.02.002.

Yoon, H., & Polio, C. (2017). The linguistic development of students of English as a second language in two written genres. *TESOL Quarterly*, 51(2), 275-301.

https://doi. org/10. 1002/tesq. 296.

Yu, G. (2010). Lexical diversity in writing and speaking task performances. *Applied Linguistics*, 31(2), 236-259. https://doi. org/10. 1093/applin/amp024.

第3章　影响二语加工和产出的因素

3.1 引　　言

本章回顾结合语料库分析方法，考察影响二语加工和产出因素的实证研究。首先概述基于使用的二语习得方法，特别是主张语言习得需要在语言使用中构式发生概率的联想学习（例如，Ellis 等，2014；Wulff & Ellis，2018）；其次回顾实证研究的结果，这些研究要么结合语料库语言学和实验方法来探讨影响二语学习者对特定构式进行加工的因素，要么单独使用语料库分析方法来探讨影响二语学习者产出某些结构的因素。

3.2 基于使用的二语习得理论

基于使用的二语习得理论假设，语言学习者依靠其得到的语言输入作为二语习得的主要来源，运用的是一般认知学习机制而不是语言学习特有的认知机制（例如，Wulff & Ellis，2018）。在这个理论中，语言学习的目标是构式，即规约化的形式-意义匹配（form-meaning pairings），固化在学习者的认知中。构式包括从词素（语言中最小的形式-意义映射）到词、短语单位和更大的句法框架（Goldberg，1995，2006）。例如，表示"not"的词素 un-（例如，unhappy）是构式，同样，像"V *across* n"这样的结构也是构式，是动词-论元构式（VAC），表示方向性的动作（例如，The cat ran across the street）。构式的复杂性程度不同，词素是最简单的构式，用来构成更复杂的构式，例如派生词或者词的曲折形态。词素作为构式具有不同的抽象性或者图式性（schematicity），体现为从完全词汇化的构式（例如，成语 kicked the bucket 表达"死"的含义）到部分图式性的构式（例如，上面提及的"V *across* n/ VAC"，产出了词汇化的 VAC，run across the street），再到完全图式性的构式（例如，副词+动词短语，可以用不同的词汇来具体表达，例如，"happily returned home and suddenly turned right"）。高水平语言使用者的语言知识包括语言构式的知识以及它们与其他构式的语义、功能或语境的兼容性（Goldberg，2006）。两个构式的兼容性和可组合性，以及构式在说话人头脑中的固化程度都取决于这两个构式同现的频率。

学习构式的过程是基于范例（examplar-based）的，包括"学习构式内部和结构之间的联系”(Wulff & Ellis,2018:39)。这一过程被视为一个理性的过程,因为学习者在语言发展过程中的任何时刻建立起的心智模型,反映了学习者从他们总结语言学习经验中积累的各种形式-意义映射的习得概率(Ellis,2006)。尽管学习者在语言学习中使用的机制很简单,但随着时间的推移,学习者在学习过程中形成的构式知识网络是高度自适应的、动态的和复杂的(Ellis & Larsen-Freeman,2009)的涌现(emergent)过程。在心理语言学研究中,这一过程是线索-结果关联性(cue-outcome contingencies)的联想学习过程,受到频率、关联性(contingency)[①]、突显性(salience)、冗余性(redundency)和语义原型性(semantic prototypicality)等相关因素和习得注意与迁移等学习者认知因素的制约(Ellis,2008)。这些因素相互关联,影响构式的习得、加工和使用(Ellis 等,2014)。构式的使用频率以及构式中范例的频率分布被视为构式学习的驱动力(Ellis & Ferreira-Junior,2009),频率分布通常遵循齐普夫率,即最频繁出现的类符在形符中占大多数(Zipf,1935)。这样的齐普夫分布(Zipfian distribution)有助于语言学习过程,增加了更频繁的形符的形式-意义映射(form-function mappings)的概率,这样的形符可以作为获取不太频繁的形符的范例(Boyd & Goldberg,2009;Ellis,2006;MacWhinney,1997)。然而,有些构式,特别是语法语素,如过去时标记和封闭类构式(如介词),尽管使用频率很高,但它们似乎比开放类更难学,对初级学习者来说尤其如此(Bardovi-Harlig,1992)。这些构式的可学习性的差异可以通过分析其他构式和学习者相关因素的影响来解释。线索和结果之间关系的关联性已经被证明会影响学习者习得它们之间的联系。对构式习得来说,这意味着一个构式的形式能够可靠地预测出它的意义的程度,会直接影响它的习得和加工(Gries & Ellis,2015)。一般来说,具有较低线索-解释关联性的构式比具有较高线索-解释关联性的构式更难习得。这有助于解释为什么语法语素和封闭式构式难以习得,因为这些构式具有多种解释方式。另外,突显性,即一个刺激从其他刺激中突显的程度,也会影响其可学习性,更显著的线索通常比不显著的线索更容易习得(例如,Ellis,2006)。语法语素和封闭式构式,例如介词,由于通常较短、非重读,因此对于学习者来说很难习得。一个可能有助于解释这些构式难以习得的学习者相关因素是习得注意(learned attention),指的是学习者从先验语言知识获得的注意偏向(attentional bias)(Ellis,2006)。具体而言,当学习者从先验语言习得经历中习得了某一线索和解释之间的联系后,他们很难再为这个线索建立新的解释。例如,中国人通常将复数与数词和量词联系在一起,这使得他们很难习得英语中的复数标记(Jiang,2007)。

虽然不同的构式和学习者相关因素对二语学习者构式习得和加工的影响通

① Contingency 这个术语在不同领域应用时翻译的方式不同:偶然性、或然性。根据陆小飞和刘颖颖(2019)的研究,本书将这个术语翻译为“关联性”,表示学习者对于事件或条件之间关联的敏感程度。相关的其他两个术语“contingency effect”和“contingency learning”,分别被翻译成“关联性效应”和“关联性学习”。

常是通过心理语言学实验来进行研究的,但许多实证研究在几个重要方面都采纳了语料库分析方法。特别值得注意的是,频率和关联性等用法信息现在通常是从大规模的母语语料库中获得或计算出来的,然后这些信息随后被用来检验使用中的统计性数据对二语学习者构式的加工和产出的影响。学界也越来越多地使用纵向或者准纵向学习者产出语料库来探讨二语学习者构式发展的模式。本章的其余部分将回顾应用了语料库分析方法的实证研究,这些研究探讨二语学习者在加工和产出二语中对各种构式相关因素的敏感程度。这些因素对二语学习者构式发展的影响将留到第4章讨论。

3.3 频率和关联性

在基于使用的二语加工和产出研究中,最重要且备受关注的两个因素是频率和关联性(contingency)。在一篇关于频率对语言习得和加工的影响的立场论文中,Ellis(2002a)认为“语言加工与输入频率密切相关”(p. 143),他在文章中列举了大量实验研究实例,证明了音系学、词汇、形态-句法、程式语(formulaic language)和句法等众多维度的语言加工中的频率效应。在开始综述之前,Ellis(2002a)指出:“在过去的40年左右,无论是理论还是应用语言学都基本忽视了频率的作用”,呼吁在语言习得和加工研究中“将其恢复为一个无处不在的因果因素”(p. 179)。这篇立场论文引发了来自不同理论视角的多个二语习得研究者的评论,其中一些研究者主张采用其他方法(例如基于意义的方法)来解释可观察到的频率效应(Bley-Vroman,2002);一些研究者建议使用更严格的方式来解释这些效应[例如,考虑学习者能动性(learner agency)](Larsen-Freeman,2002);还有研究者列举出不受频率效应影响或仅部分受频率效应影响的语言习得和加工领域(Gass & Mackey,2002)。在回应这些评论时,Ellis(2002b)再次强调他的立场,认为语言加工基于频率和统计知识,主张将语言学习视为一种隐性学习,但他不否认注意、显性教学以及其他与构式或学习者相关因素的重要性。

Ellis(2006)进一步论证了“语言习得是关联性学习(contingency learning),即通过形式-功能匹配的相对频率收集信息”(p. 1)。这一看法符合语言习得是一种理性过程的观点,在这个过程中,学习者通过优化他们无意识的语言表征系统以实现理解和产出。Ellis(2006)认为语言加工是概率性的,他指出:

> 我们不仅了解最可能的全面相关构式(即一级出现概率),而且我们还能预测在任何特定语境中将涉及哪些构式(序列依存关系),以及最可能正确解释线索的特定释义(关联统计学)。这些预测通常是理性和规范的,因为它们准确地体现事件之间的统计协变关系。从这种意义上说,语言学习者是直觉统计学家;他们获得了单向相关的关联关系知

识，并对从多个线索中获得的信息加以综合合并。(p. 8)

许多心理语言学研究已经确定了频率和/或关联性在语言加工中的影响。例如，句子加工的研究表明，频率较低的构式（例如被动构式和分裂句宾语构式）比频率较高的构式（例如主动构式和分裂句主语构式）更难理解（例如，Miyake 等，1994），成年人利用来自他们先前经验的概率性限制条件来解决句法歧义（Spivey-Knowlton & Sedivy，1995）。值得一提的是，研究者用不同的方式测量关联性（例如，Gries & Ellis，2015）。人们使用各种关联性测量方法来量化两个语言单位的共现偏好，例如互信值等（例如，Pecina，2009）。研究者使用一系列被称为构式搭配（collostructional）（即搭配+构式）的分析方法，来量化某些词语在特定语法模式或构式中出现的可能性（例如，Stefanowitsch & Gries，2003）。Gries 和 Ellis（2015）指出了使用关联性测量方法量化关联性涉及的两个问题。第一个问题是大多数关联性测量在计算中只包括形符频数而不包括类符频数或类符/形符分布；第二个问题是几乎所有关联性测量都是双向的，即它们评估两个元素的相互关联性，但关联可能是单向的。Gries 和 Ellis（2015）认为 delta P 度量（在第 3.3.3 节中详细讨论）可以成功地识别两个元素之间的单向关联。

在这一节，我们回顾结合语料库分析方法调查二语加工或产出中频率效应和关联性效应的实证研究。除了使用语料库分析获取用于语言加工的心理语言学实验中的刺激的频率和/或关联性信息，一些研究还分析了大规模学习者语料库中二语学习者产出的目标构式，以补充实验研究的结果或作为主要研究方法来考察频率和/或关联性对二语产出的影响。

3.3.1 词性及冠词构式的二语产出

我们首先回顾两项研究，探讨频率和/或关联性对于二语学习者小构式，尤其是词性和英语冠词构式产出的影响。第一项研究是 Crossley 等（2013）研究频率、语境独特性和语境多样性在多大程度上能够预测初级二语英语学习者产出哪些常见名词和动词。研究者特别关注的是，词频是否在不依赖语境独特性和多样性的情况下，成为早期二语词汇产出的最强预测因素，以及名词和动词的词汇特性是否能够解释此类产出的差异。

研究者使用了由初级二语英语学习者产出的常见词汇列表，以及在母语英语中常见但未被二语英语学习者产出的词汇列表（Crossley & Salsbury，2010），提出的研究假设是第一个列表上的词汇更容易习得。这些列表中的口语样本来自美国一所大学的英语精读课程中的 ESL 学习者产出的历时口语语料库，作为参照的本族语料库是包含美国电影和电视节目字幕的 5 100 万词的 SUBTLEXus 语料库。在一年的时间里，学习者的数据每两周收集一次，但只使用了最初几个月由 6 名学习者产出的数据来生成二语产出列表。研究中只涉及了在 SUBTLEXus 语料库中最常见的前 3 000 个名词和动词,并且只有超过一半的二语被试正确使用的词才能符合二语产出列表的条件。

研究者使用了两种不同的词频指标,即 SUBTLEXus 语料库中的词频、英国国家语料库(BNC)中的词频(Burnard,2007),以及基于医学研究委员会(MRC)数据库(Wilson,1988)的词汇熟悉度指标。对于语境多样性,他们使用了来自 SUBTLEXus 语料库的指标,计算为单词出现在的电影和电视节目数量,并使用来自 BNC 的 3 个指标,分别计算为单词在整个 BNC 中出现的百分比、书面部分百分比和口语部分百分比。最后,对于语境独特性,他们使用了两种不同的指标。第一个指标基于南佛罗里达大学词汇联想规则(Nelson 等,1998),计算每个词的关联词(associated words)的平均数量。第二个指标基于潜在语义分析(latent semantic analysis,LSA)(Landauer 等,1998),这是一种可以通过计算语料库中表示词频和语境的矢量距来衡量词之间语义关联或相似性的复杂过程。具体的 LSA 指标是在 Touchstone 应用科学协会语料库中发生 20 次或更多次,并且具有 LSA 值为 0.26 或更高的词汇列表中的每个词的关联词数量。

研究者首先使用多元方差分析(MANOVA)确定上述哪些指标在产出和未产出的词汇之间存在显著性差异。然后,他们对专门为名词和动词选择的指标进行了逐步判别函数分析(discriminant function analysis,DFA),生成用于预测组成员身份(即词汇是否被产出)的判别函数。研究结果表明,词频和语境多样性都可以明确预测初级二语学习者是否产出名词或动词。词频最能够预测名词能否被产出,语境多样性最能够预测动词能否被产出,而词汇熟悉度在这两种情况下都提供了额外的预测能力。具体而言,使用词频 SUBTLEXus 指标和词汇熟悉度指标的 DFA 在总体样本中准确分类了 90 个名词中的 77 个(即 86.0%);使用语境多样性 SUBTLEXus 指标和词汇熟悉度指标的 DFA 在总体样本中准确分类了 89 个动词中的 70 个(即 78.6%)。对比名词和动词的后续分析表明,"名词更明确、具体、具象、有意义和清楚"(p. 744),研究者把这些差异看作潜在证据,证明这样的词汇特性可能解释名词和动词产出上的差异,因此得出结论:名词的分布特性使得名词可以通过频繁接触来习得;而动词的抽象性和模糊性使得它们更难单纯通过重复被习得,学习者需要在不同语境中接触动词。

第二项研究是 Zhao 和 Fan(2021)的研究,调查输入因素中线索可用性和线索可靠性对 EFL 学习者产出英语冠词构式的影响。这项研究基于竞争模型(Competition Model)(MacWhinney,1997,2008),该模型将语言视为形式-功能匹配系统,将形式视为激活意义或功能的线索。对该模型进行的实证研究已经利用语言加工数据显示了线索可用性和线索可靠性的重要作用,它们与线索使用频率和线索-功能相关性(cue-function association)有关,对母语和二语习得与加工都有影响(MacWhinney,2001)。研究者指出二语研究中缺乏将竞争模型应用于语言产出的研究,并强调有必要使用产出数据来测试该模型关于语言学习中输入特性作用的核心预测力。

该研究使用了中国学生英语笔语语料库(WECCL)2.0版(Wen等,2008)的数据,包括中国34所大学的学生所写的议论文、说明文和记叙文。具体而言,研究者从以下4个学习者组中每组随机抽取了20篇长度为150词或以上的限时议论文,这4组学习者分别为:英语专业一年级学生、英语专业二年级学生、非英语专业一年级学生和非英语专业二年级学生。两位编码人员在80篇文章样本中手动识别了2 210个冠词使用的强制性名词短语语境,并对每个语境进行冠词线索类型和使用准确性编码,其中排除了模棱两可的形式。对于冠词线索类型的编码,研究者使用了Zhao和MacWhinney(2018)开发的一个包含86种类型的详细方案。例如,“复数|ø”类型表示应该使用零冠词的复数名词语境,除非它们可被识别为有定性。

86种冠词线索的可用性(availability)和可靠性(reliability),是通过Zhao和MacWhinney(2018)包括10种常见英语书面文体和各种主题的38个文本的小型语料库中计算出来的。在Zhao和MacWhinney的研究中,每个线索的可用性被计算为它在语料库中的形符频数除以名词短语数量,而线索的可靠性被计算为线索正确应用的频数除以它的形符频数。研究者假设线索可用性和线索可靠性会影响二语线索频数和二语线索准确性,在结构方程模型(structural equation model, SEM)中进行了路径模型分析。

研究结果表明,线索可用性显著并正向预测了英语专业和非英语专业学生二语产出的线索频率,而线索可靠性显著并正向预测了英语专业学生(不包括非英语专业学生)的二语产出的线索准确性。研究者把研究结果解读为强有力的证据来支撑竞争模型的主要观点,即线索的输入频率是二语产出频率的重要决定因素,而线索可靠性是保证高级学习者二语学习成功的重要决定因素。

从方法论角度来看,以上两项研究都使用了母语数据库和二语数据库,母语数据库提供目标构式的关联和/或频率,而二语数据库提供这些构式的二语产出特征。这些研究结果表明,频率和关联性对较小英语构式的二语产出具有显著影响,但是这种影响会因为构式不同或者学习者英语水平不同而产生差异。

3.3.2 二语学习者对短语单位的加工

这一节将介绍一些融合了语料库分析的研究,调查二语学习者加工短语单位或多词序列频率和关联性的影响。这些研究使用了各种加工任务(例如,自由联想任务、自定节奏阅读任务和可接受性判断任务),关注不同类型的短语单位(例如,习语和搭配)和不同语言(例如,英语和汉语),并将二语加工与母语加工进行比较。

Ellis等(2008)报告了一项典型研究,展示如何把语料库语言学、教育和心理语言学的视角结合起来，揭示母语和二语说话者对语言加工中程式化(formulaicity)敏感性的决定因素。他们使用语料库语言学方法在以下 4 个语料库中识别出频率超过每百万词 10 次或以上的 3 词、4 词和 5 词程式语：第一个是学术演讲语料库，包括密歇根学术口语语料库(Michigan Corpus of Academic Spoken English，MICASE)和来自 BNC 的选定学术口语样本；第二个是学术写作语料库，包括 Hyland(2004)的研究论文语料库和来自 BNC 的选定学术写作样本；第三个非学术演讲样本来自 Switchboard 语料库；第四个非学术写作样本来自 Freiburg Lancaster Oslo/Bergen(FLOB)和 Frown 语料库。研究者使用 Collocate 程序(Barlow，2004)获取从这 4 组语料库中提取的约 14 000 个 N 元的频率和互信值，并使用对数似然统计量来识别在学术演讲中显著频繁出现而在非学术演讲中出现较少的程式语，以及在学术写作中显著频繁出现而在非学术写作中出现较少的程式语。通过分层随机抽样，研究者从口语列表中选择了 54 个程式语，从写作列表中选择了 54 个程式语，由经验丰富的学术英语(English for Academic Purposes，EAP)教师和语言测试人员对其进行评分。这些程式语代表了不同的 N 元长度(3、4、5)、频率范围(高频率或每百万词 43.6 次以上、中频率或每百万词 15.0~43.6 次、低频率或每百万词 10.9~15.0 次)和互信值范围(高频率或每百万词≥11、中频率或每百万词 6.7~11、低频率或每百万词 3.3~6.7)。评分员按 5 分制对每个习语的程式化程度(6 位评分员，一致性 $\alpha=0.77$)、意义或功能的衔接力(cohesiveness)(8 位评分员，一致性 $\alpha=0.67$)和教学价值(6 位评分员，一致性 $\alpha=0.83$)进行评分。相关性和多元回归分析表明，频率和互信值都显著预测了这些评分，其中互信值是主要决定因素。

然后，研究者进行了 3 个实验研究，以确定程式化的哪些方面影响了英语母语者和高级二语英语学习者加工习语的准确性和流利性。第一个实验要求被试判断屏幕上显示的一串词在英语中是否常见。被试包括 11 名母语为英语的学生或教职员工和 11 名在密歇根大学学习 EAP 课程的 ESL 学习者。将上述 108 个程式语和另外 108 个通过随机排列这些程式语的词序而创建的非短语逐一呈现给被试。研究者分析了被试对 108 个真实的程式语的正确“是”回答的响应时间，以确定词长、频率和互信值的影响。结果发现，英语母语者和 ESL 学习者对不同的指标敏感：对于英语母语者，N 元长度和互信值显著预测了回应时间；而对于 ESL 学习者，N 元长度和频率显著预测了回应时间。第二个实验要求被试(6 名英语母语者和 6 名 ESL 学习者)尽快大声朗读屏幕上呈现的一串词。研究者分析了被试的语音起始时间(voice onset time，VOT，即表示字符串呈现开始的蜂音响起和被试口头回应开始之间的暂停时间)和发音时间(articulation time，即被试口头回应的持续时间)，以确定 N 元长度、音素数量、频率和互信值的影响。就 VOT 而言，N 元长度、音素数量和互信值都对英语母语者产生了显著影响；而对于 ESL 学习者，音素数量和频率产生了显著影响。就发音时间而言,英语母语者只对 N 元长度敏感,而 ESL 学习者只对音素数量敏感。第三个实验旨在测量被试看到程式语开头部分会在多大程度上启发他发出最后一个词的发音。首先展示给被试(18 名英语母语者和 11 名 ESL 学习者)程式语的开头部分或一串“x”,然后展示程式语的最后一个词,并要求被试尽快大声朗读。对于英语母语者,音素数量和互信值显著预测了 VOT;但对于 ESL 学习者,并没有发现 VOT 的显著预测因素。

总体而言,这些研究结果表明,语料库驱动的(corpus-driven)长度、频率和互信值指标不仅可以预测人工评分员对多词程式化、功能可识别性和教学价值的判断,还可以预测英语母语者和二语英语学习者对习语的加工。这表明,“基于大规模语料库统计信息和提取的程式语序列具有明确的教学意义和心理语言学上的真实性”(Ellis 等,2008:388-389)。对英语母语者来说,程式语的互信值是决定其加工可行性(processibility)的主要因素;但对于 ESL 学习者来说,程式语的频率是决定其加工可行性的主要因素。研究者还区分了频率效应的两个组成部分:接触频率(frequency of exposure)和练习频率(frequency of practice),认为在学习者巩固构式的形式-意义匹配并调整以使其适合获取的构式习得初级阶段,这两个组成部分都应该表现出更明显的效应。然而,为了获得类似母语的准确性和效率,学习者还需要调整“语言系统来适应连贯性,适应非偶然性的表达式”(Ellis 等,2008:391),而这正是互信值发挥更重要作用的地方。这项研究的结果还支持使用语料库语言学分析学术语域和文本,以识别学术程式语并根据顺序进行教学。总之,该研究不仅为二语英语学习者加工程式语时的频率效应提供了证据,也说明他们需要对关联性(使用互信值进行测量)变得敏感,同时还展示了如何从语料库语言学、教育和心理语言学的角度成功地三角验证(triangulate)程式语的构建。

Ellis 等(2008)使用语料库语言学和专家判断两个标准来确定二语加工程式语,没有对组成词的词汇类别或句法关系施加限制,而其他几项研究则关注了二语加工特定类型的短语单位。Kim 和 Kim(2012)研究了频率对英语母语者和 ESL 学习者加工特定类型的两个词序列(即 verb+out 序列)的影响。被试包括 11 名英语母语者和 14 名母语为韩语、日语和汉语的 ESL 学习者,他们是美国一所大学的研究生。研究者从 COCA(Davies,2009)中提取了 32 个两个词的 verb+out 序列,4 个频率段中每个频率段有 8 个序列,包括高频率(每百万词 1 200~12 000 次,例如 find out)、中高频率(每百万词 500~1 000 次,例如 sort out)、中低频率(每百万词 200~400 次,例如 bail out)和低频率(每百万词 20~100 次,例如 yell out)。这 32 个序列被嵌入到 32 个同等长度的关键句中,随机以自主阅读任务的方式呈现给被试,并与 38 个干扰句一起以随机顺序逐句呈现。在每个试验中,被试首先在显示器上看到一些破折号;按下键盘上的 F 键后,他们看到前面的几个破折号被句子的第一个短语替换;然后再次按下 F 键,他们会看到下一个短语替代破折号,直到句子的最后一个短语，然后回答一个判断题。在试验过程中，目标 verb+out 序列始终作为一个组合片段(segment)出现。阅读时间超出每组平均值 3 个标准差或者判断题错误超过 20%的被试数据被剔除。

研究者假设如果频率确实是影响二语学习者将多词单位整块存取的因素，那么 ESL 学习者会用更短的阅读时间处理高频率的多词单位。重复测量的方差分析结果显示，两组(母语和 ESL)和频率都有显著主效应，两个因素之间没有交互作用。对于英语母语者，低频率段序列的阅读时间显著长于其他 3 个频率段的序列；对于 ESL 学习者组，低频率段序列的阅读时间仅显著长于高频率段序列。研究者对此的解释是：该结果证明对英语母语者和二语学习者来说，共现频率影响多词单位整块存储的程度，将二语学习者对中等频率多词单位不敏感归因于他们缺乏足够的语言接触。

Yi 等(2017)研究了汉语母语者和汉语作为第二语言(Chinese as a second language，CSL)学习者对某一类型汉语多词序列(包含两个高频单音节副词的副词序列)的短语频率和关联性的在线加工敏感性。他们使用了眼动研究，被试包括 20 名汉语母语者和 20 名在中国北京的大学就读的来自 8 个不同母语背景的高级 CSL 学习者(相当于 CEFR C1 级别)。实验材料的构建过程如下：研究者首先从现代汉语分类词汇表(国家语言文字工作委员会，2015)中选择了 33 个最常见的单音节汉语副词，并收集了 5 名高级 CSL 学习者对这些副词的熟悉度评分，评分采用 4 分制，其中 1 表示“不熟悉”，4 表示“完全熟悉”。保留了平均评分为 2 或更高的 24 个副词，并为每个副词构建了可能的两个词的副词序列列表。然后，将这些序列与现代汉语语料库(Center for Chinese Linguistics，2015)进行对照，该语料库包含 581 百万个汉字和约 3 亿个词汇。从 CCL 语料库计算出每百万词中出现一次或更多次的 119 个序列的互信值，并使用分层抽样方法选择了 80 个序列，以代表具有高和低频率(使用每百万 7 次作为频率截止点)与高和低互信值(使用 3.0 作为互信值截止点)的序列。这些序列被分为 4 组(高频率和高互信值；高频率和低互信值；低频率和高互信值；低频率和低互信值)，并且每个序列被嵌入到 4 个不同的句子框架，采取了多个措施，确保句子构造的可比性、可读性和可理解性(例如，序列在句子中的位置、词频、句子长度和句子中性)，为简洁起见，该处省略这些细节。最终总共构建了 320 个目标句子以及 80 个填充句子。

每个被试在计算机显示器上逐个阅读了 6 个练习句子、80 个目标句子和 80 个填充句子，并在阅读完一句话后按下按钮来回答一个理解题。研究者使用混合效应模型(mixed-effects models)进行统计分析。短语频率、短语关联性(即互信值)和被试(母语与 CSL)是分析的自变量；短语中每个组成副词序列的副词频率和其字符的笔画数(视觉复杂性的度量)为协变量。研究者构建了不同的模型来分析首次凝视时间(first fixation duration)、首次通读时间(first-pass reading time)、总阅读时间(fixation count)、凝视次数和凝视概率(fixation probability)数据。

分析结果揭示了自变量和协变量以及它们之间的交互作用影响眼动测量结果的一系列重要发现。在控制短语关联性和协变量的影响后,研究发现,除了凝视概率,短语频率在汉语母语者和 CSL 学习者其他所有眼动测量中都产生了显著的影响。在首次凝视时间和总阅读时间方面,无论是汉语母语者还是 CSL 学习者,都能够显著地、更快速地阅读高频率序列。在首次通读阶段,汉语母语者读取低频率序列的速度比高频率序列更快,而 CSL 学习者则相反。在凝视次数方面,汉语母语者和 CSL 学习者对高频率序列凝视次数更少。此外,对首次通读数据和凝视次数数据的分析还表明,在加工序列时,CSL 学习者对短语频率比母语者更敏感。因为实验设计涵盖了广泛的频率范围,研究者认为,这些结果证实了频率效应不仅限于个别词的加工,而且适用于多词序列的加工,并且短语频率效应不仅限于高频率的多词序列,而是存在于一个连续的范围中。在控制短语频率和协变量的影响后,研究在汉语母语者和 CSL 学习者的凝视次数以及 CSL 学习者的首次通读时间都发现了短语关联性效应。具体而言,汉语母语者和 CSL 学习者对高互信值的序列的凝视次数更多,CSL 学习者对高互信值序列的首次通读时间更短。这些来自眼动追踪范式的发现,有助于支持先前关于短语关联性在多词序列加工中的作用的研究,那些研究依赖自动化程度有限的实验任务(例如,Ellis 等,2008)。研究者指出,尽管汉语母语者和 CSL 学习者对加工汉语多词序列的短语频率和关联性都很敏感,但关于首次通读时间和凝视次数的结果显示,CSL 学习者对这些用法属性更敏感。除了短语频率和关联性的独立效应外,研究者还发现了两者在 CSL 学习者的首次通读时间中的交互作用。具体而言,CSL 学习者阅读高频率序列的速度比低频率序列更快,但随着关联性的增加,这种频率效应减弱。研究者认为,尽管短语频率和关联性都有助于减少阅读时间,但频率信息在阅读过程的早期阶段就被激活,而关联性很可能在后期阶段起作用,因为说话者需要重新分析和/或整合信息以克服加工困难,这也与高互信值序列凝视次数(呈现后期加工的指标)更多的结果(例如,Paterson 等,1999)一致。总体而言,研究者可以将其作为一个证据,证明母语和二语加工都是基于使用的,并且母语者和二语学习者在加工多词序列时可能使用相同的频率和关联性的统计学习机制(statistical learning mechanisms)。

为了确定短语频率和关联性的效应是否适用于其他语言加工任务和其他类型的多词序列,Yi(2018)研究了英语母语者和高级 ESL 学习者在加工英语形容词–名词搭配时对短语频率和关联性的敏感程度,以及认知能力对这种敏感性的调节作用。被试包括一组英语母语者和一组在美国大学就读的中国 ESL 学习者。每个被试完成了一个短语可接受性判断任务,以评估他们对英语搭配的在线加工能力。该研究总共呈现了 180 个英语形容词–名词搭配和 180 个实验填充项(不可接受的词组合,例如,“religious morning”),被试需要尽快判断每个实验填充项在英语中是否可被接受。研究者记录了每个被试的反应时间和准确性。

这 180 个目标搭配是通过 Phrases in English(PIE)数据库(Fletcher,2011),经过以下几个步骤从 BNC 中提取的。首先,从 PIE 数据库中提取了 8 340 个形容词-名词序列,对这些序列及其组成词在 BNC 中的原始频率进行了归一化处理(每百万词),并使用自然对数进行了转换,然后计算了这些序列的互信值。其次,如果一个序列在 BNC 中以每百万词出现 1 次或多次,并且互信值高于 3.0,则被视为搭配。最后,使用分层抽样程序选择了 180 个目标搭配,以代表不同水平的对数频率(高频率:2.0~4.0;中频率:1.1~1.6;低频率:0.1~0.7)和互信值(高互信值:8.0~13.0;中互信值:6.8~8.0;低互信值:3.0~6.0)(Siyanova-Chanturia & Spina,2015),每个互信值和频率组合的 9 个级别中都有 20 个搭配(例如,高频率-高互信值,高频率-低互信值等)。5 名高级中国 ESL 学习者对这些搭配的熟悉度进行了 5 分制评级(5 表示非常熟悉),平均评级为 4.5。填充项是通过将形容词列表随机匹配到名词列表上构建的,并且研究者核实这些填充项在 BNC 中没有出现过。研究者还使用了 6 个认知能力测试来测量被试的认知能力,这里省略了详细步骤。

线性混合效应模型(linear mixed-effects modeling)揭示了搭配频率和关联性对英语母语者和高级中国 ESL 学习者的反应时间和准确率产生显著影响,而 ESL 学习者对习语频率和关联性的敏感性比英语母语者更强。在反应时间方面,无论对于哪个组,高频率搭配所需的反应时间都比低频率搭配更短,而高互信值搭配所需的反应时间也比低互信值搭配更长。在这两种情况下,ESL 学习者的效应比英语母语者更大。研究者用语言习得中练习的幂次法则(power law of practice)(DeKeyser,2007)解释了为什么二语英语学习者的效果量更大。具体而言,研究者认为,由于学习效果“遵循对数关系,每次语言使用或练习都会产生逐渐减小的学习效果”(p. 543),所以二语英语习得者在习得早期阶段比英语母语者受到短语频率和关联性的影响更大。在准确性方面,两组被试的高频率搭配准确率更高;英语母语者加工高互信值搭配比低互信值搭配更准确,而 ESL 学习者加工高互信值搭配准确率低于低互信值搭配。两组被试对习语频率和关联性的敏感性并未受到他们认知能力的调节。研究者认为,这些发现进一步证明了母语者和二语学习者在加工多词序列时可能共享包括频率和关联性在内的相同统计学习机制。

本节中最后回顾的是 Wolter 和 Yamashita(2018)的一项研究,他们也关注二语中英语形容词-名词搭配的加工,但与 Yi(2018)的研究不同,他们使用了不同的变量[词频、搭配频率、母语一致性(L1 congruency)和二语语言水平]和不同的学习者群体(日本 EFL 学习者)。被试包括 27 名就读于美国一所大学的母语为英语的本科生、24 名研究生级别母语为日语的 EFL 学习者和 23 名本科级别母语为日语的 EFL 学习者。研究者对被试进行了 Eurocentres 词汇量测试(Eurocentres Vocabulary Size Test,EVST)(Meara & Jones,1990),发现研究生级别的学习者的词汇量明显大于本科级别的学习者。根据日语的情况,研究者开发了 4 类形容词-名词搭配:24 个一致性搭配(例如,strong wind),24 个仅适合英语的(不一致性)搭配(例如,low speed),24 个仅适合日语的(翻译过的)搭配(例如,tall danger),以及 72 个基准项(baseline items)。对于前 3 类搭配,使用高频词汇开发了初始候选项目列表,即日本大学英语教师协会(Japanese Association of College English Teachers,JACET)8 000 个基本单词列表中最常见的前 3 000 个单词(仅有少数例外),该水平相当于日本的高中教材。然后,通过重新组合其他 3 类搭配中的词汇来创建基准项列表,以确保所有类别中使用的词汇频率具有可比性。基准项不太具有语义,旨在提供用于比较仅适合日语搭配的相对加工速度的阈值反应时间(参见下面的讨论)。研究者使用了日语报纸《中日新闻》(Chunichi Shimbun)数据库(1999—2003)来验证仅适合日语搭配在日语中确实可接受,而仅适合英语搭配则不可接受。然后,使用 COCA 进一步验证了分类的适当性。研究确认所有一致性搭配和仅适合英语的搭配在 COCA 中确实频繁出现,并且仅适合日语的搭配和基准项在语料库中要么不存在,要么出现频率较低且互信值为负值或低值(<1.0),表明这些表达方式是特殊而非具有显著性的共现词组。在确认候选项的分类后,研究者从 COCA 的小说部分获取了所有未经词形还原的词汇和搭配的频率,并从整个语料库中获取了所有搭配的互信值,然后,使用自然对数进行了频率的对数转换。

每个被试在计算机上完成了可接受性判断任务。144 个搭配依次以随机顺序出现在屏幕上,要求被试通过按键对每个词组在英语中是否常用进行二元(binary)判断。研究者评估了收到“是”回答的所有搭配的反应时间,排除了 450 毫秒以内的 4 个反应,然后对剩余的反应时间进行了对数转换。使用混合效应建模和相关性分析对反应时间进行了分析。结果表明,3 组被试都对词汇频率和搭配频率敏感,验证了先前的研究结果,即二语学习者在二语中关注多词单位的频率分布(Siyanova-Chanturia 等,2011),即使对于可以作为一个整体加工的高度程式化序列,其组成词的频率效应仍然存在(Snider & Arnon,2012)。同时,英语母语者和研究生级别的 EFL 学习者对搭配频率的关注程度高于本科级别的 EFL 学习者,表明高水平的学习者在搭配加工中从依赖词汇频率转向依赖搭配频率,接近于英语母语者的加工系统。研究者认为研究结果证明了涌现论方法(emergentist approach)对二语学习和加工的适用性,在二语搭配习得和加工中,该方法认为输入频率和概率具有核心作用。结果还表明,无论是研究生级别的还是本科级别的 EFL 学习者,加工一致性搭配的速度均显著快于加工不一致性搭配,而英语母语者在加工一致性搭配和不一致性搭配时的速度相当,表明一致性在二语学习者搭配加工中具有优势。研究者认为,年龄和习得顺序能够很好地解释这种优势(Carroll & White,1973)。换句话说,在习得的早期阶段,二语学习者更多地依赖于他们的母语搭配知识,因此能够加工一致性二语搭配或不可转化成二语的母语搭配(例如,本研究中的仅适合日语搭配)。随着输入增加和语言水平的提高,一致性搭配进一步固化,不一致性搭配获得更多接触机会,但是如果没有大量的接触机会,对不一致性搭配的可及性(accessibility)不会超过一致性搭配,而由于在输入中没有得到反复强化,不可转化的搭配(即仅适合日语搭配)变得不那么突显。

综合而言,本节中所回顾的研究证明了频率和关联性对母语者和二语学习者的英语和汉语中多种类型短语单位的加工具有显著影响,并且语料库分析方法在开发实验刺激和/或获取刺激的频率和关联性信息方面具有实用性。然而与母语者相比,二语学习者的频率和关联性的敏感程度存在一些差异。例如,在加工速度方面,Ellis(2008)发现母语者比二语学习者对关联性更敏感,对频率的敏感性较低。Kim 和 Kim(2012)发现母语者表现出更广泛的频率效应敏感性,Yi 等(2017)和 Yi(2018)研究发现频率和关联性对二语学习者比母语者的影响更大,而 Wolter 和 Yamashita(2018)则表示母语者和高级二语学习者在搭配频率方面比低级别二语学习者更敏感。这些差异可能源于所加工的短语单位类型、加工任务以及二语学习者的语言水平的不同。同时,这些研究还一致表明,母语者在加工较高互信值的短语单位时比加工较低互信值的短语单位更快,而高水平的二语学习者比母语学习者在加工短语单位时对频率和关联性的敏感性与母语者更加相似。这些研究结果证实了基于使用的构建主义方法研究二语习得的核心观点,并同时指出针对不同水平的学习者、在不同语言中用不同加工视角加工不同类型短语单位这一研究领域,有必要继续探讨频率和关联性。

3.3.3 二语语法构式的加工和产出

除了短语单位研究外,少数研究还结合语料库分析方法,探究二语学习者在语法构式的加工和产出中频率和关联性所产生的影响。在本节中,我们详细介绍这方面的两项研究。在第一项研究中,Ellis 等(2014)使用自由联想任务,研究 EFL 学习者在使用 VAC 时对形符/形符频率分布、VAC-动词关联性以及动词-VAC 语义典型性的敏感性(我们将在第 3.4 节讨论语义原型性)。研究被试包括 131 名美国一所大学的母语为英语的学生,以及来自捷克、德国和西班牙 3 个母语背景的 EFL 学习者,他们分别在捷克、德国和西班牙的研究型大学就读。每位被试在线完成 1 项调查,调查中逐一呈现一系列带有缺失动词的句子框架,并提示他们用首先想到的词填空,总共使用了 20 个不同的句子框架,每个句子框架呈现 2 次,一次使用主语 it(例如 it ________ about the...),一次使用 he/she(例如 s/

he ________ about the...)。除了带有 about VAC 的句子框架外,其他 19 个句子框架还包括 across、after、against、among、around、as、at、between、for、in、into、like、of、off、over、through、towards、under 和 with VAC。研究者记录了被试的回答以及完成每个句子框架所用的时间。

假设学习者使用一般学习机制来习得语言构式,并且认知的一般原则是使用频率和固化(entrenchment)之间的关系遵循幂次法则(例如,Ellis,2002),研究者预测,学习者使用经验中 VAC 中动词类型的形符频率将影响学习者使用这种动词类型,把其当作 VAC 典型实例。对于每个 VAC,研究收集了 4 个母语组中所有被试在 2 种提示形式下生成的动词类型,并从 BNC 中获取了 VAC 中每个动词类型的形符频率。由于 after、at 和 in VAC 识别难度无法达到令人满意的精度,因此在分析中将其排除,从而留下了 17 个独特的 VAC 进行进一步分析。然后,计算每个 VAC 中动词类型的生成频率与 BNC 中 VAC 中动词类型的形符频率之间的相关性,对所有频率计数进行 log 10 转换后进行计算。母语为英语的被试的平均相关性为 0.55,母语为捷克语、德语和西班牙语的被试的平均相关性分别为 0.59、0.59 和 0.65。在随后的回归分析中,VAC 中动词的使用频率也被发现是母语和二语被试者在 VAC 中动词类型生成频率的显著预测因素。研究者分析研究结果认为,在 17 个 VAC 中,无论是母语为英语还是二语为英语的被试都对每个 VAC 中动词的使用频率很敏感。这些结果也为基于使用的二语习得理论提供了支撑,这种方法用赫布学习理论(Hebbian learning)解释了频率对语言学习、固化和语言加工流利性的影响,该理论的观点之一就是认为学习者有能力从环境中提取统计性规律(例如,Ellis,2002)。

研究者将形式-功能匹配的关联性视为语言学习的推动力,预测在使用中更忠实于特定 VAC 的动词应比混乱而不太忠实于 VAC 的动词更容易被学习者在该 VAC 中使用。他们使用 Delta P(Allan,1980)来衡量忠实度。Delta P 是一种单向依赖统计(one-way dependency statistic),在研究构式加工和使用的形式-功能关联性的联想学习与心理语言学研究文献中,Delta P 被证明对线索-结果学习有预测作用(例如,Ellis & Ferreira-Junior,2009;Shanks,1995)。Delta P 的计算方式为:在给定线索的情况下结果发生的概率(O|C)减去没有线索时结果发生的概率(O|-C)。这可以用 VAC 作为结果、动词作为线索来计算,也可以反过来计算。由于自由联想任务为学习者提供了构式并要求他们产出动词,研究者使用 VAC 作为线索、动词作为结果计算了 Delta P(用 Delta P_{cw} 表示)。具体而言,使用表 3.1 中的列联表,可以用以下公式计算:Delta $P_{cw} = P(O|C) - P(O|-C) = (a/(a+b)) - (c/(c+d))$。该值越接近 1.0,表示在给定线索的情况下结果发生的可能性越高。

表 3.1　用于计算 Delta P 的列联表,以动词-VAC
作为线索、动词作为结果(改编自 Ellis 等,2014)

	有结果(目标动词)	无结果(其他动词)
有线索(目标 VAC)	a(具有目标动词的目标 VAC)	b(具有其他动词的目标 VAC)
无线索(其他 VAC)	c(具有目标动词的其他 VAC)	d(具有其他动词的其他 VAC)

为了评估 EFL 学习者使用 VAC 时是否对 VAC-动词关联性敏感,研究者将被试为每个 VAC 生成的动词频率与从 BNC 计算的 Delta P_{cw} 进行相关性分析。母语为英语的被试的平均相关性为 0.48,而母语为捷克语、德语和西班牙语的被试的平均相关性分别为 0.53、0.56 和 0.63。随后的回归分析发现,Delta P_{cw} 是母语和二语被试在 VAC 中生成动词类型的生成频率的主要预测因素,相对于频率,其具有更高的重要性。这些结果被解释为在分析的 17 个 VAC 中,无论是母语还是二语被试都对 VAC-动词关联性敏感。研究者进一步提出,语言习得需要对语言流的分布分析和知觉活动的关联性分析,学习者通过关联输入和认知的统计学习机制,从具体的使用实例中习得抽象的构式。

在本节回顾的第二项研究中,Azazil(2020)从基于使用的视角融合了两项实验研究和一项起补充作用的语料库研究,探究了德语 EFL 学习者连接动词构式(catenative verb construction,CVC)加工中的频率效应。已经有研究发现 CVC 对二语英语学习者非常有挑战性,他们很难选择英语母语者更倾向的非限定补语类型(即-to 或-ing,例如 enjoy to read 和 enjoy reading)(例如 Gries & Wulff,2009)。第一个研究问题是二语学习者在选择目标补语类型时,下列 3 个因素对其选择的影响程度:主动词(matrix verb)的频率①,CVC 中动词的形符频率,以及 CVC 中动词的相对频率,也称动词对 CVC 的忠实度(关联性的一种度量)。第二个研究问题涉及专属于动词的频率效应,探究在学习者选择目标补语类型时,鉴于带有-to 补语的 CVC 中的类符和形符频率明显高于带有-ing 补语的 CVC,偏好-to 补语的动词和偏好-ing 补语的动词是否存在差异。

第一个实验研究要求 22 名德语 EFL 学习者执行句子完成任务。研究者参考 BNC,确定了大约 95%情况下分别与-to 补语或-ing 补语一起使用的 6 个目标-to 动词和 6 个目标-ing 动词。基于在 BNC 中 CVC 中的形符频率,每组包括两个高频动词(目标-to 动词:如 refuse 和 manage;目标-ing 动词:如 avoid 和 enjoy)、2 个中频动词(目标-to 动词:如 serve 和 offer;目标-ing 动词:如 recall 和 practice)和 2 个低频动词(目标-to 动词:如 proceed 和 hesitate;目标-ing 动词:如 postpone 和

① 该研究中的构式为 X CV V (Y),其中 X 代表主语,CV 代表连接动词,V 代表补语中的动词,(Y)代表补语中动词的可选性附属成分(如宾语)。例如,在"She refused to do her homework."和"Laura enjoys reading love stories."两句中,refuse 和 enjoy 分别为其中的主动词(matrix verbs),详见 Azazil(2020)。

celebrate),还获取了每个动词的总体频率以及动词对于 CVC 的忠实度(计算为动词在 CVC 中出现的比例)。刺激材料包括 24 个测试句子(每个目标动词 2 个句子)和 35 个填充项,其中包括 7 个常见的主动词。每个测试句子以主语开头,后跟一个连接动词,一个空缺以及括号中顺序随机的补语组成成分(动词以其基本形式呈现),被试需要按照正确的顺序填写补语组成成分,并将动词的基本形式改为-to 或-ing 形式。每个填充句子以主语开头,后跟一个空缺和随机排列的动词短语组成成分,被试需要按照正确的顺序填写动词短语组成成分,并将主动词改为适当的屈折形式。在任务中产出的 521 个观察值(即带有目标动词的句子)中,34.9%(182/521)具有非目标连接补语,非目标补语中使用的目标-ing 动词(132/259 或 50.97%)多于目标-to 动词(50/262 或 19.08%)。研究使用混合效应模型分析了数据,以目标相似性(目标或非目标连接补语)作为因变量,并使用以下 4 个预测变量:动词的形符频率,CVC 中动词的形符频率,动词对于 CVC 的忠实度,以及预期的连接补语类型(-to 与-ing)。2 个动词形符频率测量结果没有显著预测目标相似性,但后 2 个变量有预测作用。同具有较不忠实动词的句子相比,学习者在句子完成任务时,在具有较忠实动词的句子中更有可能产出目标连接补语。

第二个实验考察了同一组被试对 CVC 的感知,使用可接受性评分任务。任务要求被试对一系列目标形式(例如包含 refused to accept 的句子)和非目标形式(例如包含 refused accepting 的句子)进行 4 分制评分,其中 4 表示“明显正确”,1 表示“明显不正确”。研究者构建了线性混合效应模型,句子评分作为因变量,与第一个实验中相同的预测变量以及测试句子的目标相似性(目标或非目标)作为额外的固定因素。结果显示,主动词的频率并未成为评分的显著预测因素。与较低忠实度动词相比,学习者更倾向于对具有高度忠实度动词的目标句子给予更高的评分。此外,如果目标句子包含一个目标-to 动词,目标句子评分会高于非目标句子;而如果目标句子包含一个目标-ing 动词,则没有发现显著性差异。

为了补充两个实验的发现,研究者分析了 EF-Cambridge 开放语言数据库(EFCAMDAT)的德语 EFL 学习者子语料库(Geertzen 等,2013),该数据库在进行此研究时包含来自 5 112 名德语 EFL 学习者的 28 555 个文本,约 220 万个词。为了确保在学习者语料库中有足够的观察数据,研究者分析了 5 个目标-ing 动词(例如,avoid、enjoy、finish、mind 和 risk)和 5 个目标-to 动词(例如,appear、fail、decide、tend 和 seek),它们在 BNC 的 CVC 中具有相对较高的频率。研究者使用 AntConc(Anthony,2015)确定了由 381 个不同学习者产出的 548 个 CVC 实例,并对每个实例进行了主动词、连接补语类型形式以及目标相似性(即补语是目标或非目标)编码。与实验研究不同,主动词的形符频率对目标相似性产生了正向影响,而预期的连接补语类型对目标相似性没有产生影响。与语料库研究中的实验研究一样,动词对于 CVC 的忠实度对学习者在 CVC 中连接补语的目标相似性产生了正向影响。

在这 3 项研究中,主动词的形符频率仅在语料库研究中对学习者选择目标连接补语产生了显著影响,而在两项实验研究中没有产生显著影响。研究者认为,在语料库中使用的 CVC 中的动词本来就具有较高频率,因为学习者似乎避免在 CVC 中使用不熟悉的动词。这些发现被解释为存在主动词和连接补语之间的构式,两个组成部分之间的互动形成了形式-意义匹配。这就是为什么动词本身的频率无法充分使学习者选择目标非限定性补语。动词对于 CVC 的忠实度在所有 3 项研究中都对学习者选择目标非限定性补语产生了正向影响。研究结果表明,更高的忠实度促进了 CVC 目标补语的固化。就 3 项研究中的动词特定频率效应而言,同非高频率的带有-ing 补语的 CVC 比较,更高频率带有-to 补语的 CVC 持续性产生更多的目标补语的选择。这一发现被解释为目标-to 构式在认知上更加固化,因此比目标-ing 构式更易掌握,这是由于它在输入中具有更高的类符和形符频率。研究者进一步认为这些发现支持这样的观点:"语言的心理表征包括词项特定的以及更抽象的图示知识,频率决定特定性,而特定性让构式固化程度更高"(p. 417)。

综合起来,这两项研究展示了频率对于不同的二语加工任务(自由联想、句子完成和可接受性评分)和不同的句法构式(VAC 和 CVC)的可变效果,但关联性对于二语句法构式的加工具有一致而稳定的影响。第 3. 3. 1 节和第 3. 3. 2 节中所回顾的研究专注于二语词汇和短语构式的产出或加工,而作为一项补充性研究,Azazil(2020)的研究展示了在二语构式加工中的频率效应和关联性效应领域,使用语料库数据分析方法分析相同构式的频率和关联性对二语产出影响具有研究意义。

3. 3. 4　二语语音产出:作为输入的教师话语或语料库

在本节中,我们回顾 Trofimovich 等(2012)的一项研究,采用了基于频率的方法,探讨课堂二语语音习得中教师输入与学习者产出之间的关系,重点关注英语中的齿间摩擦浊辅音/ð/。尽管学界普遍认可输入对学习者产出的重要作用,使用基于频率的方法来研究这种作用并不鲜见,但这项研究让人感兴趣之处在于研究者们认为,先前研究频率对二语学习的影响主要依赖来自语料库的频率统计,但很少直接研究二语学习者实际接受的输入。该研究所分析的教师输入来源于一个 110 000 词的语料库,代表了 6 年级 ESL 学习者在英语精读课中所接受的 40 多个小时的听力输入,数据的采集在 4 个时间点上进行,间隔为 100 小时。具体而言,研究者们分析了一个由 3 位 ESL 教师连续两天的授课组成的 57 818 词的子语料库。视频录像被转录,所有英语语音/ð/的实例被编码为以下 8 个语音环境:

1)在元音之后(例如,do that);

2）在爆破清辅音之后（例如，get that）；

3）在爆破浊辅音之后（例如，read that）；

4）在摩擦清辅音或塞擦清辅音之后（例如，miss that）；

5）在摩擦浊辅音或塞擦浊辅音之后（例如，is that）；

6）在鼻音之后（例如，on that）；

7）在流音之后（例如，peel that）或在句子开头或短语内部；

8）在暂停之后（例如，... that boy）。

研究假设为语境中更高频率的英语/ð/比低频率的更容易学习。

学生语料库包含 120 名母语为法语的六年级 ESL 学习者在同样的两天内产出的口语，教授所有这些学生的 3 位 ESL 教师的输入构成本研究中教师输入子语料库。研究者将学生定位为英语初学者，除了在学校学习之外几乎没有英语接触。在这两天中，每个学生被要求描述一系列关于两个孩子去野餐的图片。图片故事被录像和转录，最终的学生语料库包含 240 个图片故事，共 30 205 个单词。每个英语/ð/的实例都由 5 位编码员中的两位根据 8 个语音环境之一独立进行编码，并根据准确性进行评分（使用 1 或 0 进行评分，1 表示发音类似正确的英语/ð/，0 表示情况正相反），取每个语音环境中的形符数和两个评分员的准确性评分的平均值。

输入分析的重点是记录教师输入的特性，以探索可能的输入-输出关系。研究者将教师输入中包含/ð/的单词比例与从 BNC 中随机选择的 2 500 个单词的样本进行比较，发现这些比例在很大程度上具有可比性（BNC 中为 11.2%，3 位教师授课样本中为 7.4%~11.1%）。在教师语料库和 BNC 中，/ð/在 8 个语音环境之间的频率分布也基本上遵循相似的模式。6 个常见的类符覆盖了教师语料库两个时间点的所有/ð/形符的 95%和 92%，在 BNC 中为 94%；句子/短语开头环境在两个语料库中的形符比例最大，摩擦清辅音/塞擦清辅音的环境最小。这些特性表明教师语料库在很大程度上能代表英语的语言使用。

输出分析主要关注学习者的产出是否反映了教师输入的特性。学生的产出中包含了更高比例的包含/ð/的形符（两个时间段分别为 17.4%和 20.9%），而教师输入中没有这么高的比例。研究者将这种差异归因于任务的要求，任务要求学生频繁地提及故事中的角色。与教师输入相似，学生产出中的/ð/形符也仅限于少数类符，在两个时间点上，6 个最常见的类符覆盖了所有/ð/标记的 98%和 99%；学习者产出中语音环境的频率分布与教师输入以及 BNC 中的频率分布相匹配。此外，学习者产出准确性的变化仅限于教师输入中最高频率的语音环境实例的情况。

研究者认为这些发现表明，学习者对教师输入的分布特性以及在课堂外接触到的语言具有敏感性，并且大规模的通用语言语料库中的频率模式能够合理地作为学习者语言结构的参考。研究者们进一步论证了对二语语音产出准确性的频率效应遵循练习的幂次法则(DeKeyser,2007),在学习的早期阶段效应最为显著,这表明在早期为学习者提供目标语音特征输入可以帮助提高二语产出。

研究者对比了大规模通用语料库和教师输入语料库中目标语言特征的频率模式,这是一项非常重要的比较。这些频率模式基本上趋于一致,对于使用大型通用语料库来获取目标构式的频率和关联性信息,用以分析频率和关联性对二语加工和构建产出的影响的研究者来说,这是一个令人欣喜的消息。同时,有必要进行进一步研究来验证其他构式的频率模式。

3.4 其他因素

除了关注频率和关联性外,少数基于使用的研究还融合了语料库分析方法,考察其他因素对二语构式加工或产出的影响。在这一部分,我们首先回顾了两项研究。它们结合语料库分析方法和心理语言学实验方法,研究近因(recency)效应和语义原型(semantic prototypicality)效应对两种不同的英语句法构式的二语加工影响。接下来的第三项研究采用语料库分析方法,探讨词汇体(lexical aspect)和语音突显度(phonological saliency)对二语英语过去时产出的影响。

语言加工体现近因效应,这种现象也被称为启动(priming)效应(McDonough & Trofimovich,2008)。例如,句法启动是指学习者在最近接触到特定的句法结构后,可能会使用同样的句法结构的现象(Ellis & Colins,2009)。Gries 和 Wulff(2009)在一项旨在结合语料库语言学和心理语言学证据的研究中,考察了句法启动效应在德语 EFL 学习者加工英语动名词和-to 补语构式中的作用,以验证这些结构是作为构式存储在学习者的心理词典中的。在该研究的语料库分析部分,研究者从国际英语语料库的英国子语料库(ICE-GB)中检索了以下所有实例:

1)动词+动词;

2)助动词+动词;

3)动词+to+动词;

4)助动词+to+动词。

手动检索到的 45 933 条索引行,分离出 480 个 ing-构式的形符和 2 863 个 to-构式形符,共涉及 120 个不同的动词词目。然后,对这些检索到的动词进行显著共现词位分析(distinctive[①] collexeme analysis,DCA)(Gries & Stefanowitsch,2004),以确定哪些动词与这两个补语构式密切相关,或者说,能最好地区分这两个构式。

---

① 此处的"distinctive"按照显著共现词位分析(distinctive collexeme analysis)这一术语翻译为"显著",指的是在进行共现词位分析时能够显著指向某一构式的词目(lexeme)。本研究分析的是显著指向 to-构式和 ing-构式的动词,如 keep 显著指向-ing 构式,want 显著指向-to 构式等,详见 Gries 和 Wulff(2009)。

具体来说,对于120个动词词目中的每一个词目,使用表3.2列联表计算Fisher-Yates精确检验的p值,然后对数转换为10的基数。统计显著性(p<.05)值为1.3或更高,该值越大其显著性水平越高,最终确定将6个带to-构式的动词(即start、stop、avoid、enjoy、consider和finish)和6个带ing-构式的动词(即try、manage、attempt、fail、like和continue)作为心理语言学实验中的刺激项。

表3.2 用于计算不同词目分析的列联表

	to-构式	ing-构式
目标动词词目	a(to-构式动词词目的形符频数)	b(ing-构式动词词目的形符频数)
其他动词词目	c(to-构式其他动词词目的形符频数)	d(ing-构式其他动词词目的形符频数)

研究者设计了一个问卷实验,内容包括一个可接受性评分任务(18个启动实验句,其中6个为实验项目,12个为干扰项)和一个补全句子(18个目标句片段,其中6个为实验项目,12个为干扰项)。可接受性评分任务中启动实验句代表了两个自变量,即句子结构(CX_PRIME;to-构式与ing-构式)和句中主动词为"显著的"(distinctive)的构式(V_PRIME_DIST;to-构式与ing-构式)。因变量是可接受性评分,评分范围从-3("完全不符合语法")到+3("结构良好")。在补全句子任务中的句子片段代表两个相同的自变量加上一些额外的变量,例如,片段中补全动词后构成显著构式(V_TARGET_DIST;to-构式与ing-构式),被试在上一个实验项目中使用的构式(SELF_PRIME;to-补全,ing-补全,或其他),被试在之前补全句子任务中提供的所有to-或者ing-补全中完成to-补全的比例(SELF_TO_RATIO),以及片段中动词在BNC中的对数化频率(V_FREQ)。自变量是参与者对to-补全、ing-补全或其他的反应。用于可接受性评分的句子和用于补全句子任务的目标句的片段交替提供给被试,他们是94名来自德国大学学习英语语言学、母语为非英语的大学本科生。

采用线性模型对句子可接受性评分数据进行分析,结果表明,CX_PRIME和V_PRIME_DIST的交互作用对可接受性评分有显著影响。具体来说,对于每一种构式,当启动实验句包含显著动词构式时,评分较高。采用逻辑回归分析句子补全数据。最佳模型显示V_TARGET_DIST对学习者句子补全选择影响最大:目标片段中动词的偏好构式更可能是由学习者产出的,存在近距离从产出到产出启动效应(production-to-production priming effect)(SELF_PRIME),这表明被试的上一次任务的补全方式会影响到紧接着的下一次任务。具体而言,被试在使用了一个ing-构式之后更有可能接着还使用同样的构式。同样,在他们用了to-构式或其他构式后极有可能紧接着使用同样的构式。

从可接受性评分任务到句子补全任务,都没有观察到启动效应。V_FREQ有显著的主效应，体现在更频繁地使用 to-构式的动词词目；然而，它与 V_TARGET_DIST 的交互作用表明，随着动词词目的总频率增加，学习者更有可能更加均衡地习得两种构式。

研究者推测，可接受性评分-产出启动的缺失可能是由于任务效应，评分任务可能促使高级英语学习者在完成目标时权衡不同的构式选择。关于从产出到产出启动，研究者的解释是，to 构式在 to 启动和其他-启动之后同样频繁地被产出，这很可能是因为当启动没有引发某种特别需要补全的构式时，德语中 to-构式的近似等值翻译发挥了准缺省作用，还可能是因为高级学习者可能已经试图表现出对不同模式的掌握。Ing-构式具有强烈的从产出到产出的启动效应，因为这种构式在德语中没有对等的翻译；它们也是在习得过程的后期才被掌握的，因此更有可能从启动中获得帮助。

如第 3.3 节所述，Ellis 等（2014）研究了英语学习者使用 VAC 的方式对动词-VAC 语义原型性的敏感性，以及类符形符频数分布和 VAC-动词的关联性。研究者将范畴原型理解为概括出该范畴最具代表性特征的最佳范例，并预测在产出任务中，学习者应该更频繁地产出 VAC 语义的原型动词。他们通过评估动词在连接 VAC 中动词类符的语义网络中的中心位置，来确定动词与 VAC 组合的原型性。该语义网络使用 BNC 中 VAC 中出现的所有动词类符构建而成，节点表示动词类符，边缘表示动词类符对子之间的语义相似性。一对动词的语义相似性反映了它们在 WordNet 的层次结构中的概念类别之间的距离（Pedersen 等，2004），使用自然语言工具包（Natural Language Tool Kit，NLTK）（Bird 等，2009）中的 WordNet 路径相似性来计算。用于评估原型性的具体指标是介数中心性（betweenness centrality），等于从所有顶点到所有其他通过节点的最短路径的数量（McDonough & De Vleeschawer，2012）。

为了确定英语学习者使用 VAC 是否对动词-VAC 语义原型敏感，研究者将参与者为每个 VAC 生成的动词频率与 BNC 中发生在 VAC 中的动词类符语义网络（计算机科学）中动词的介数中心性的值进行了相关性研究。母语为英语的被试的平均相关系数为 0.46，而母语为德语、西班牙语和捷克语的被试的平均相关系数分别为 0.44、0.43 和 0.35。在随后的回归分析中发现介数中心性是 VAC 中母语者和二语使用者动词类符生成频率的显著预测因子，但相对重要性低于关联性和频率。研究者根据 Anderson（1983）的语义记忆扩散激活理论（spreading activation theory of semantic memory）解释了语义原型效应的作用。原型有一个频率优势：它往往有一个高形符频率，有助于它本身与 VAC 较强的关联。它还具有网络中心性的优势：任何响应都可以激活网络中的其他成员；由于原型位于网络的中心，能够从其他响应中获得最大的激活扩散。

在本章回顾的最后一项研究中，Zhao 和 Shirai（2018）采用了基于使用的视角来探讨词汇体和语音突显度对阿拉伯语 EFL 学习者习得英语过去时的影响,特别是测试这种习得是否遵照情状体假设(Aspect Hypothesis,AH)(Bardovi-Harlig,2000)和语音突显度假说(Phonological Saliency Hypothesis,PSH)(Wolfram,1985)的预测。AH 的主要预测是,简单的过去时和完成时标记将从有界动词(telic verbs,即动词的语义特征表示一个固有的终点,例如,finish)开始,并逐渐扩展到无界动词(atelic verbs,即动词表示状态,如 have;或者活动,如 walk),而非完成体的标记是相反的(例如,Bardovi-Harlig,2000)。PSH 解释了语音突显度对二语习得时体形态的潜在影响。例如,与规则动词相比,过去时标记更可能出现在不规则动词上,这是因为不规则动词的现在时和过去时形式比规则动词的现在时和过去时形式更显著(Wolfram,1985)。

这项研究的被试是 20 名阿拉伯高中的英语学习者,他们在美国一所大学的卡塔尔校区参加一个暑期项目。根据学生在英语水平测试的阅读理解和语法部分的成绩,他们被分为初级组和中高级组。每个被试需要完成一个完形填空的书面测试,读一个故事,并提供 59 个动词原型的正确时态形式(主要是过去时态)。这些动词分成 3 个词汇体类别:16 种状态动词(例如,want、think),11 种活动动词(例如,walk、sit)和 32 个有界动词(例如,decide、catch)。此外,他们还完成了一个个人叙述任务,在这个任务中,他们要自由地讲述一个自己的故事。研究者对叙述进行音频记录,以 CHAT 格式转录,然后将转录的叙述上传到 TalkBank 数据库,并使用 CLAN 软件(MacWhinney & Wagner,2010)从其中提取标记为简单过去时的动词形符。

研究者对完形填空测试中的每个目标动词形符和被试在叙述中提供的每个过去时动词形式进行了编码,包括正确性(正确与错误)、词汇体(有界、状态、活动)和形态规则性(规则与不规则)。用法的准确性是以产出的过去时态形式的数量与简单过去时态形式的强制性语境的数量之比值来计算的。他们通过比较在不同词汇体类别中过去时标记的准确性来检验 AH,通过比较规则动词和不规则动词过去时标记的准确性来检验 PSH。

总体而言,研究结果表明,词汇体对阿拉伯语 EFL 学习者使用过去时标记的预测效果优于语音突显度效果。在口头个人叙述中,阿拉伯语 EFL 学习者对英语过去时标记的习得符合 AH 的预测,低语言水平学习者对有界动词使用准确性高于对无界动词,而高语言水平学习者对所有动词都有相当的使用准确性。然而,完形填空任务的结果并不支持 AH,所有学习者对状态动词和有界动词的使用准确性都达到了相当水平。研究者认为以下 3 个因素可能解释这一研究发现:1)学习者母语(即阿拉伯语)的形态特征;2)输入中的分布偏误;3)高频率的助动词"BE"(因为它在输入中频繁出现,因此更容易习得)和状态动词中的否定句(时态标记在助动词而不是主动词上)。语音突显度对过去时标记的准确性有边际效应($p=.056$),低水平学习者在完型填空任务中标记不规则动词的准确性高于规则动词。然而,研究者指出,应该在研究中对规则动词和不规则动词中进行更精细的语音突显度划分。研究者认为他们的发现支持了二语习得是由多种输入和心理语言因素决定的这一观点。

总的来说,这部分所回顾的研究强调了探讨频率和关联性以外的输入因素对二语加工和生成的影响的重要性,并展示了语料库分析方法在这类研究中的作用。近因性、语义原型性和突显度对二语加工或句法、语法构式的产出均有显著或接近显著的影响。它们的影响似乎不如频率和关联性的影响那么明显和普遍,然而,学界还需要通过对这些因素进行更多样化和更精细化的研究,探讨更广泛的构式来验证这一研究发现。三项研究中有两项的研究者明确讨论了他们的研究在方法论上的贡献。Gries 和 Wulff(2009)指出,DCA 方法被证明有助于识别在实验中具有显著差异的动词。在研究中,他们进一步认为,与通常的理论研究和教学材料中的描写相比,使用语料库数据更多样化地反映了动词在 to-和 ing-构式中的分布。Zhao 和 Shirai(2018)也通过详细论证得出以下结论:可用的高质量学习者语料库,比如在学习者语言水平、任务和母语背景方面可进行变量控制,对推进我们对二语习得的理解非常有益处。

Gries 和 Wulff(2009)关于在大规模语料库数据中观察到的分布模式,与在教学材料中对这种模式的描述之间差异的评论值得进一步关注。Anderson(2007)的发现也支持了这个观点,即在美国使用的法语教科书中与形容词位置相关的词序规则,与真实法语文本语料库或美国大学课堂口语输入中的词序频率模式不一致。在基于使用的语言习得和加工要求的理论背景下,有必要进一步扩展大规模通用语料库和教师输入中频率模式的对比研究,并且能够在教学材料中体现出这种模式的差别。

3.5 本章小结

本章首先简要概述了基于使用的二语习得理论的基本观点,与之相关的二语习得过程的性质以及可能影响二语习得、加工和产出的因素。然后,本章的大部分内容回顾了一些融合了语料库分析方法,探讨影响二语加工和/(或)产出的各种因素的实证研究。这些研究结果表明,频率和关联性是决定二语加工和产出不同类型构式的重要因素,但其他因素如近因性、语义原型性和突显度也同样起作用。这些研究揭示了有必要将更多的构式和二语加工任务纳入研究范围,以便全面理解各种输入因素所产生的影响。这些研究还证明了语料库分析方法在这一研究领域具有应用价值,特别是在获取目标构式的使用统计数据、选择实验刺激方式和分析二语产出方面。

有几个问题值得进一步探讨。首先,这些研究所探讨的各种影响因素应从各种因素的研究方法角度解读。例如,对关联性的研究就使用了不同的指标(如第3.3节所讨论的),对语义原型性的研究不仅仅使用了介数中心性(例如,Abugaber,2020年使用互信值),还涉及研究突显度的不同方法(例如,Goldschneider & DeKeyser,2005)。研究者认为需要利用更有效的测量手段(例如,Gries & Ellis,2015)以及使用更全面的测量手段(例如,Zhao & Shirai,2018)探讨不同的输入因素,并继续扩展和检验这些测量方法,这将进一步丰富我们对二语加工和产出的理解。其次,现有的研究主要集中在一般语言领域,以及使用大规模的通用语料库作为参考语料库进行二语加工和产出研究。今后学界有必要探讨基于使用的理论如何在特别的领域和专门的体裁中对二语加工和产出发挥作用。例如,一般性语言输入和特殊的语言输入使用模式,哪个对二语加工和产出影响更大。最后,从基于使用的角度来看,有必要将目标结构的分布模式或教材中对这种模式的描述与一般语言输入中的模式保持一致,以最大限度地使二语学习者受益于二语教学。Trofimovich 等(2012)对教师输入中的分布模式的关注,以及Anderson(2007)与 Gries 和 Wulff(2009)对教学材料中分布模式描述与通用语料库中分布模式描述之间的差异的观察,这两项研究就与这个问题直接相关。以教学法为导向的基于使用的研究,采用大规模的语料库分析,系统地描述输入中不同结构的分布模式,这类研究正在不断涌现(例如,Tracy-Ventura & Cuesta Medina,2018)。以上这些研究不但有助于教学效果评估,还有利于使教学材料与真实语言输入保持一致。

参 考 文 献

Abugaber, D. (2020). Frequency and semantic prototypicality in L2 Spanish learners' dative constructions. In J. J. Colomina-Almiñana & S. Sessarego (Eds.), *Language patterns in Spanish and beyond: Structure, context and development* (pp. 329-348). London: Routledge.

Allan, L. G. (1980). A note on measurement of contingency between two binary variables in judgment tasks. *Bulletin of the Psychonomic Society*, 15, 147-149.

Anderson, B. (2007). Pedagogical rules and their relationship to frequency in the input: Observational and empirical data from L2 French. *Applied Linguistics*, 28(2), 86-308.

Anderson, J. R. (1983). A spreading activation theory of memory. *Journal of Verbal Learning & Verbal Behavior*, 22(3), 261-295.

Anthony, L. (2015). *AntConc* [Computer software]. Tokyo, Japan: Waseda University.

http://www. laurenceanthony. net/software.

Azazil, L. (2020). Frequency effects in the L2 acquisition of the catenative verb construction: Evidence from experimental and corpus data. *Cognitive Linguistics*, 31(3), 417-451.

Bardovi-Harlig, K. (1992). The use of adverbials and natural order in the development of temporal expression. *International Review of Applied Linguistics in Language Teaching*, 30(4), 299-320.

Bardovi-Harlig, K. (2000). *Tense and aspect in second language acquisition. Form, meaning, and use*. Oxford: Blackwell.

Barlow, M. (2004). *Collocate* (Version 1. 0) [Computer software]. Houston, TX: Athelstan. https://michaelbarlow. com.

Bird, S., Loper, E., & Klein, E. (2009). *Natural language processing with Python.* Cambridge: O'Reilly Media Inc.

Bley-Vroman, B. (2002). Frequency in production, comprehension, and acquisition. *Studies in Second Language Acquisition*, 24(2), 209-213.

Boyd, J. K., & Goldberg, A. E. (2009). Input effects within a constructionist framework. *Modern Language Journal*, 93(3), 418-429.

Brysbaert, M., & New, B. (2009). Moving beyond Kučera and Francis: A critical evaluation of current word frequency norms and the introduction of a new and improved word frequency measure for American English. *Behavior Research Methods*, 41(4), 977-990.

Burnard, L. (Ed.). (2007). *Reference guide for the British National corpus* (XML ed.). Oxford: Oxford University Computing Services.

Carroll, J. B., & White, M. N. (1973). Word frequency and age of acquisition as determiners of picture - naming latency. *Quarterly Journal of Experimental Psychology*, 25(1), 85-95.

Crossley, S. A., & Salsbury, T. (2010). Using lexical indices to predict produced and not produced words in second language learners. *The Mental Lexicon*, 5(1), 115-147.

Crossley, S. A., Subtirelu, N., & Salsbury, T. (2013). Frequency effects or context effects in second language word learning: What predicts early lexical production? *Studies in Second Language Acquisition*, 35(4), 727-755.

Davies, M. (2009). The 385 + million word Corpus Of Contemporary American English (1990-2008+): Design, architecture, and linguistic insights. *International Journal of Corpus Linguistics*, 14(2), 159-190.

DeKeyser, R. M. (2007). Skill acquisition theory. In B. VanPatten & J. Williams (Eds.), *Theories in second language acquisition: An introduction* (pp. 97-113). Mahwah: Lawrence Erlbaum.

Ellis, N. C. (2002a). Frequency effects in language processing: A review with implications for theories of implicit and explicit language acquisition. *Studies in Second Language Acquisition*, 24(2), 143-188.

Ellis, N. C. (2002b). Reflections on frequency effects in language processing. *Studies in Second Language Acquisition*, 24(2), 297-339.

Ellis, N. C. (2006). Selective attention and transfer phenomena in SLA: Contingency, cue competition, salience, interference, overshadowing, blocking, and perceptual learning. *Applied Linguistics*, 27(2), 164-194.

Ellis, N. C. (2008). Usage-based and form-focused language acquisition: The associative learning of constructions, learned-attention, and the limited L2 endstate. In P. Robinson & N. C. Ellis (Eds.), *Handbook of cognitive linguistics and second language acquisition* (pp. 372-405). London: Routledge.

Ellis, N. C., & Collins, L. (2009). Input and second language acquisition: The roles of frequency, form, and function. Introduction to the special issue. *The Modern Language Journal*, 93(3), 329-335.

Ellis, N. C., & Ferreira-Junior, F. (2009). Construction learning as a function of frequency, frequency distribution, and function. *The Modern Language Journal*, 93(3), 370-385.

Ellis, N. C., & Larsen-Freeman, D. (2009). Constructing a second language: Analyses and computational simulations of the emergence of linguistic constructions from usage. *Language Learning*, 59(S1), 90-125.

Ellis, N. C., O'Donnell, M. B., & Römer, U. (2014). Second language verb-argument constructions are sensitive to form, function, frequency, contingency, and prototypicality. *Linguistic Approaches to Bilingualism*, 4(4), 405-431.

Ellis, N. C., Simpson-Vlach, R., & Maynard, C. (2008). Formulaic language in native and second language speakers: Psycholinguistics, corpus linguistics, and TESOL. *TESOL Quarterly*, 42(3), 375-396.

Fletcher, W. H. (2011). *Phrases in English*. http://phrasesinenglish.org/.

Gass, S. M., & Mackey, A. (2002). Frequency effects and second language acquisition: A complex picture? *Studies in Second Language Acquisition*, 24(2), 249-260.

Geertzen, J., Alexopoulou, T., & Korhonen, A. (2013). The EF-Cambridge open language database. https://corpus.mml.cam.ac.uk/efcamdat/.

Goldberg, A. E. (1995). *Constructions: A construction grammar approach to argument structure*. Chicago: Chicago University Press.

Goldberg, A. E. (2006). *Constructions at work: The nature of generalization in language*. Oxford: Oxford University Press.

Goldschneider, J. M., & DeKeyser, R. M. (2005). Explaining the "natural order of L2 morpheme acquisition" in English: A meta analysis of multiple determinants. *Language Learning*, 55(S1), 27–77.

Gries, S. T., & Ellis, N. C. (2015). Statistical measures for usage-based linguistics. *Language Learning*, 65(S1), 228–255. https://dor.org/10.1111/lang.12119.

Gries, S. T., & Stefanowitsch, A. (2004). Extending collostructional analysis: A corpus-based perspective on 'alternations'. *International Journal of Corpus Linguistics*, 9(1), 97–129.

Gries, S. T., & Wulff, S. (2009). Psycholinguistic and corpus-linguistic evidence for L2 constructions. *Annual Review of Cognitive Linguistics*, 7(1), 163–186.

Hyland, K. (2004). *Disciplinary discourses: Social interactions in academic writing* (2nd ed.). Ann Arbor: University of Michigan Press.

JACET Committee of Basic Words Revision (Ed.). (2003). *JACET list of* 8000 *basic words: JACET* 8000. Tokyo: Japan Association of College English Teachers.

Jiang, N. (2007). Selective integration of linguistic knowledge in adult second language learning. *Language Learning*, 57(1), 1–33.

Kim, S. H., & Kim, J. H. (2012). Frequency effects in L2 multiword unit processing: Evidence from self-paced reading. *TESOL Quarterly*, 46(4), 831–841.

Landauer, T. K., Foltz, P. W., & Laham, D. (1998). An introduction to latent semantic analysis. *Discourse Processes*, 25(2–3), 259–284.

Larsen-Freeman, D. (2002). Making sense of frequency. *Studies in Second Language Acquisition*, 24(2), 275–285.

MacWhinney, B. (1997). Second language acquisition and the completion model. In A. M. B. de Groot & J. F. Kroll (Eds.), *Tutorials in bilingualism: Psycholinguistic perspectives* (pp. 113–142). Mahwah: Lawrence Erlbaum Associates.

MacWhinney, B. (2001). The competition model: The input, the context, and the brain. In P. Robinson (Ed.), *Cognition and second language instruction* (pp. 69–90). New York: Cambridge University Press.

MacWhinney, B. (2008). A unified model. In P. Robinson & N. C. Ellis (Eds.), *Handbook of cognitive linguistics and second language acquisition* (pp. 341–371). Mahwah: Lawrence Erlbaum Associates.

MacWhinney, B., & Wagner, J. (2010). Transcribing, searching and data sharing: The CLAN software and the TalkBank data repository. *Gesprächsforschung*, 11, 154-173.

McDonough, K., & De Vleeschauwer, J. (2012). Prompt type frequency, auditory pattern discrimination and EFL learners' production ofwh-questions. *Studies in Second Language Acquisition*, 34(3), 355-377.

McDonough, K., & Trofimovich, P. (2008). *Using priming methods in second language research*. London: Routledge.

Meara, P., & Jones, G. (1990). *Eurocentres vocabulary size tests: 10KA*. Zurich: Eurocentres.

Miyake, A., Carpenter, P. A., & Just, M. A. (1994). A capacity approach to syntactic comprehension disorders: Making normal adults perform like aphasic patients. *Cognitive Neuropsychology*, 11(6), 671-717.

Nelson, D. L., McEvoy, C. L., & Schreiber, T. A. (1998). *The University of South Florida word association, rhyme, and word fragment norms*. Tampa, FL: University of South Florida. http://www.usf.edu/FreeAssociation/.

Paterson, K., Liversedge, S., Underwood, G. (1999). The influence of focus operators on syntactic processing of short relative clause sentences. *The Quarterly Journal of Experimental Psychology*, 52(3), 717-737.

Pecina, P. (2009). Lexical association measures and collocation extraction. *Language Resources and Evaluation*, 44(1), 137-158.

Pedersen, T., Patwardhan, S., & Michelizzi, J. (2004). WordNet: Similarity: Measuring the relatedness of concepts. In *Proceedings of the Fifth Annual Meeting of the North American Chapter of the Association of Computational Linguistics: Demonstrations* (pp. 38-41). Boston, MA: Association for Computational Linguistics.

Shanks, D. R. (1995). *The psychology of associative learning*. New York: Cambridge University Press.

Siyanova-Chanturia, A., Conklin, K., & Heuven, W. J. (2011). Seeing a phrase "time and again" matters: The role of phrasal frequency in the processing of multiword sequences. *Journal of Experimental Psychology: Learning, Memory, and Cognition*, 37(3), 776-784.

Siyanova-Chanturia, A., & Spina, S. (2015). Investigation of native speaker and second language learner intuition of collocation frequency. *Language Learning*, 65(3), 533-562.

Snider, N., & Arnon, I. (2012). A unified lexicon and grammar? Compositional and non-compositional phrases in the lexicon. In D. Divjak & S. T. Gries (Eds.), *Frequency effects in language representation* (pp. 2-127). Berlin: De Gruyter.

Spivey-Knowlton, M., & Sedivy, J. C. (1995). Resolving attachment ambiguities with multiple constraints. *Cognition*, 55(3), 227-267.

Stefanowitsch, A., & Gries, S. T. (2003). Collostructions: Investigating the interaction between words and constructions. *International Journal of Corpus Linguistics*, 8(2), 209-243.

Tracy-Ventura, N., & Cuesta Medina, J. A. (2018). Can native-speaker corpora help explain L2 acquisition of tense and aspect? A study of the "input". *International Journal of Learner Corpus Research*, 4(2), 277-300.

Trofimovich, P., Collins, L., Cardoso, W., White, J., & Horst, M. (2012). A frequency-based approach to L2 phonological learning: Teacher input and student output in an intensive ESL context. *TESOL Quarterly*, 46(1), 176-186.

Wen, Q., Wang, L., & Liang, M. (2008). *Spoken and written English corpus of Chinese learners [Handbook +CD-ROM]*. Beijing, China: Foreign Language Teaching and Research Press.

Wilson, M. (1988). MRC psycholinguistic database: Machine-usable dictionary, version 2.00. *Behavior Research Methods*, 20, 6-10.

Wolfram, W. (1985). Variability in tense marking: A case for the obvious. *Language Learning*, 35(2), 229-253.

Wolter, B., & Yamashita, J. (2018). Word frequency, collocational frequency, L1 congruency, and proficiency in L2 collocational processing: What accounts for L2 performance? *Studies in Second Language Acquisition*, 40(2), 395-416.

Wulff, S., & Ellis, N. C. (2018). Usage-based approaches to second language acquisition. In D. Miller, F. Bayram, J. Rothman, & L. Serratrice (Eds.), *Bilingual cognition and language: The state of the science across its subfields* (pp. 37-56). Philadelphia/Amsterdam: John Benjamins.

Yi, W. (2018). Statistical sensitivity, cognitive aptitudes, and processing of collocations. *Studies in Second Language Acquisition*, 40(4), 831-856.

Yi, W., Lu, S., & Ma, G. (2017). Frequency, contingency and online processing of multiword sequences: An eye-tracking study. *Second Language Research*, 33(4), 519-547.

Zhao, H., & Fan, J. (2021). Modeling input factors in second language acquisition of the English article construction. *Frontiers in Psychology*, 12, 653258.

Zhao, H., & MacWhinney, B. (2018). The instructed learning of form-function mappings in the English article system. *The Modern Language Journal*, 102(1), 99–119.

Zhao, H., & Shirai, Y. (2018). Arabic learners' acquisition of English past tense morphology: Lexical aspect and phonological saliency. *International Journal of Learner Corpus Research*, 4(2), 253–276.

Zipf, G. K. (1935). *The psycho-biology of language*. New York: Houghton-Mifflin.

第4章　二语发展轨迹及其影响因素

4.1　引　　言

本书前一章回顾了基于使用的二语习得的主要理论观点，以及其与语料库语言学分析方法相结合，探讨二语加工和产出中不同输入因素的影响。本章将回顾使用语料库语言学方法研究二语发展轨迹和/或影响这些轨迹的输入、学习者和任务因素的实证研究。这些研究大多是在基于使用的语言学（UBL）理论框架内进行的，聚焦二语发展中不同类型的构式（constructions），但也包括其他理论视角和二语发展的其他方面的研究，如复杂性、准确性和流利性（CAF）的发展和学术立场的发展。二语发展文献中的一些研究采用了准纵向设计来跟踪从低水平到高水平的二语学习者的发展，使用由不同水平的学习者产出的语言样本组成的横向语料库（例如，Alexopoulou 等，2015；De Clercq & Housen，2019；Murakami & Alexopoulou，2016；Römer，2019；Thewissen，2013）。我们不在本章中讨论这些研究，因为这部分研究在一定程度上与我们在第 2.3.1 节中讨论的不同语言水平学习者二语产出差异的研究类似。而且，很多研究已经证明，跨语言水平之间差异的方式与纵向发展的轨迹并不重合（Kyle 等，2021）。因此，我们关注的是那些采用真正的纵向设计的研究，也就是使用纵向语料库的研究，这些语料库包括用同一组二语学习者的不同时间点收集的语言样本来跟踪学习者的发展。此外，本章重点关注有关组别发展趋势的研究结果，不包括仅关注一个或两个学习者的个案研究（Broeder，1995；Eskildsen，2009；Li 等，2014），当然这些研究者也可能使用了来自较大的纵向学习者语料库的学习者数据作为研究对象。二语发展中的学习者差异将在第五章进行探讨。

4.2　二语复杂性、准确性和流利性的发展

本章首先回顾 4 项使用纵向学习者语料库探讨二语发展中的 CAF 的研究。这一领域的大多数研究均聚焦二语写作中句法复杂性的纵向发展，而对准确性和流利性的发展研究相对不足。本书的第 2.2 节讨论了一系列如何运用这些概念的方法，例如，句法复杂性、整体性和细粒度的结构复杂性指标，以及基于使用的句法丰富性指标都被用于二语写作的句法复杂性研究。这 4 项研究反映了对不

同构念(construct)的不同关注程度以及这些构念的不同测量方式。本章回顾的研究主要关注在学习过程中时间变量所带来的 CAF 方面的显著变化,任务变量(如体裁)的影响以及与时间变量之间的相互作用。

本书第 2.4 节讨论了 Yoon 和 Polio(2017)对 ESL 学习者在两种笔语体裁中的语言发展的研究,该项研究探讨了体裁导致复杂性差异的可能原因。这也是 4 项研究中唯一一个全面覆盖 CAF 构念、考察二语学习者纵向发展的研究。本书在此继续讨论他们的研究发现。他们的学习者数据包括 111 篇叙述文和 111 篇议论文,这些文本是由在美国大学学习的 37 名成年 ESL 学习者在为期 15 周的学期内的 6 个不同的时间点产出的。研究者使用一系列 CAF 指标对每篇文本进行了分析。对句法复杂性的评估使用了 L2SCA(Lu,2010)的 14 个测量指标中的 12 个(不包括句子中从句数量和 T 单位中复杂 T 单位数量),词汇复杂性的测量使用来自 Coh-Metrix(Graesser 等,2004)的 3 个指标,即平均词长,词频指标[即文章中所有词的平均对数频率,使用的频率规范来自 Baayen 等(1995)的 CELEX 数据库],和 Vocd-D;准确性的测量方式是每百单词中句法、形态、介词和拼写错误数量;流利性的测量方式是在 30 分钟时间限制内产出文本的单词数量。研究者进行了一系列双向重复测量方差分析,将时间和体裁作为被试内变量(within-subject variables),以测量一个学期中 ESL 学习者 CAF 指标在写作过程中是如何发展的,以及时间和体裁之间是否存在交互影响(interaction effect)。在 12 个句法复杂性指标中,平均句长随时间的推移而显著增加,但没有体现交互效应;在叙述任务中平均 T 单位长度和 T 单位中从句数量都有显著增加,但在议论文任务中没有出现这样的变化。然而,词汇的复杂性、准确性和流利性测量结果并没有随着时间的推移而显示出显著性变化。

这些研究发现表明,在 Yoon 和 Polio(2017)的研究中,对于该语言水平的 ESL 学习者来说,句法复杂性在一个学期的时间里体现有一定的发展,但词汇复杂性、流利性和准确性的发展可能需要更长的时间。正如我们将在下一节看到的,词汇复杂性的纵向发展也已经成为二语词汇发展的研究关注点。关于流利性和准确性的研究结果,要求在更长的观测期内使用更多的方法对这些构念进行研究。本研究提出体裁对句法复杂性测量的显著影响,以及体裁与时间的相互作用对句法复杂性测量发展的显著影响,凸显了在二语写作发展研究中对体裁进行控制的必要性。

Yoon 和 Polio(2017)在研究中使用不同结构层次的复杂性整体指标来测量句法复杂性,而 Kreyer 和 Schaub(2018)的研究聚焦德国的 EFL 学习者名词短语(NP)复杂性的发展。他们的数据包括 95 份说明文和议论文(共 28 188 词),来自 15 名德语 EFL 学习者在中学最后三年的写作任务(10 年级 39 份,11 年级 30 份,12 年级 26 份),取自于马尔堡中级英语学习者语料库(Marburg Corpus of

Intermediate Learner English, MILE)(Kreyer, 2015),也是德国中学生英语学习者写作的纵向数据库。根据CEFR的评估,这些学习者在进入10年级时的语言水平为B1,进入12年级时的语言水平为B2或C1。研究者手动提取了所有的NP结构,是"从句的直接成分"(Pallotti, 2015:123)(例如主语或宾语),抑或是另一个非NP结构(例如介词短语)的一部分,不包括嵌入在另一个NP中的NP。代词和专有名词组成的NP以及从任务描述中逐字复制的NP都被剔除。

该项研究计算了两个测量NP复杂性的整体指标,即NP长度和每千词NP修饰语的数量。在NP长度分析中研究者包括了所有的4 077个NP,在NP修饰语分析中剔除了部分从任务描述中照搬过来的另外155个NP。所分析的NP修饰语的类型是基于Biber等(2011)假设的NP修饰的发展顺序,部分根据Parkinson和Musgrave(2014)的研究以及研究者本人的研究进行了修改。在这些假设阶段,定语形容词的NP修饰语往往从第2阶段开始。在第3阶段,学习者开始使用分词前置修饰语、关系从句、名词后置修饰语、后置of-短语修饰语和不包括-of的后置介词短语修饰语。在第4阶段,他们将开始使用-ed和-ing分句作为后置修饰语。最后,在第5阶段,研究者开始使用介词+非限定性补语从句、that-名词补语从句、后置修饰的同位语名词短语、后置修饰的to-短语,以及其他类型的NP修饰语,他们对每个NP进行统计,计算出所有修饰语类型的出现次数。

重复测量方差分析显示,尽管在从10年级到11年级和12年级这3个时间节点上,NP长度和每千词NP修饰语的数量都呈上升趋势,但两个类型的指标没有达到统计显著性。为了检验Biber等(2011)提出的发展阶段假设,研究者进一步分析了每一种修饰语类型的频数。根据Biber等(2011)提出的发展阶段,Parkinson和Musgrave(2014)提出了两个关于NP修饰语频数分布的假设。第一,与高水平学习者相比,低水平学习者使用早期阶段NP修饰语类型的比例更大。第二,在NP修饰语类型的频数分布上,与低水平学习者相比,高水平学习者更接近熟练使用者(expert writers)。Kreyer和Schaub(2018)比较了3个年级每一种类型NP的归一化频数(每1 000词),又进一步将所有学习者合在一起的频数(代表高水平学习者)与Parkinson和Musgrave(2014)研究中的EAP学习者与文学硕士(MA)学生(代表高水平学习者),以及Biber和Gray(2011)、Biber等(1999)研究中的母语为英语的人(代表熟练写作者)进行了比较。虽然从中级水平学习者到EAP学习者,到MA学生再到母语为英语的人,NP修饰语的总体数量一直稳步增加,但Parkinson和Musgrave(2014的)第一个假设没有得到支持,因为大多数NP修饰语类型的比例在3个级别保持相对稳定。第二个假设也没有在数据上得到明确的支持,对于大多数特征来说,中级学习者的频数要么已经接近熟练使用者的频数(例如,关系从句),要么在三年内没有变化(例如,前置分词修饰语)。同时,对5个中级学习者是否在每个阶段使用了每一个特征不同的NP修饰语类型的情况进行分析后，结果初步支持 Biber 等(2011)提出的发展阶段假设：学习者使用第 2 和第 3 阶段的特征多于第 4 和第 5 阶段的特征。

对青少年 EFL 学习者 NP 复杂性的研究非常重要，虽然数据中 NP 复杂性的两个整体指标缺乏显著增长，但这一发现可能并不令人惊讶，因为高水平的 NP 复杂性通常被认为是高级二语学习者而非中级二语学习者所具有的语言特征(例如，Lu，2011)。研究者对不同 NP 修饰语类型的详细分析说明，Biber 等(2011)假设的发展阶段具有很高的理论价值，因为提出这些阶段被认为是“学生写作发展中复杂性研究的全新方法”(Biber 等，2011：5)。然而，应该指出的是，这部分分析所采取的方法不是纵向的，而是横向的。因此，有必要利用较大规模和较长时间的纵向学习者语料库来进行检验这种出现频率较低的 NP 修饰语类型。

前两项研究考察了二语写作句法复杂性在不同结构层次上的发展，使用的指标类型具有相同的性质，因此也存在共同的局限性，他们“没有考虑句法形式的相对频率或句法形式与使用它们的词项之间的关系”(Kyle 等，2021：782)。针对这一局限性，Kyle 等(2021)研究了一组母语是荷兰语的 EFL 学习者 VAC 复杂性的一系列基于使用的指标的纵向发展。研究者的素材来源于一个更大的语料库，由荷兰的 20 名中学生在两个学年写的英语短文构成(Verspoor & Smiskova，2012)，该项研究分析了其中 9 名学生在这两年写的书面作业。这些学生的年龄为 12～13 岁。在研究开始时，根据 CEFR 认证评分员提供的作文分数，他们被定性为 A2 水平的学习者。每个学习者每年分三次(10 月、2 月和 6 月)提交一篇不超过 1 000 字的不限时、不参考外部资源的文章。研究素材总共包括 54 篇作文，平均长度为 181.722 字。研究中使用的 6 个主题分别为：4 篇短篇故事(例如，“写一个关于你的新学校、朋友和老师的短篇故事”)，1 篇作文描述最喜欢的节日并解释为什么它是特殊的，1 封写给院长的信，解释学生对校服规则的立场。研究者指出，这些主题具有环境的真实性，因为这些内容与学生紧密相关，不需要专门化的表达方式和术语。

该研究使用来自 L2SCA(Lu，2010)的 5 个句法复杂性指标对所有文章进行分析，即 T 单位的平均长度(MLT)，从句的平均长度(MLC)，从句的从属结构数量(DC/C)，从句的并列结构数量(CP/C)和从句的复杂名词结构数量(CN/C)；也使用了 TAASSC(Kyle，2016)的 6 个 VAC 复杂性指标进行分析，其中包括 3 个与频率有关的指标(主要动词频率、VAC 频率和动词-VAC 频率)和 3 个与联想强度有关的指标(即 delta P VAC 和动词、delta P 动词和 VAC，以及双向动词-VAC 搭配强度)。这些指标是使用来自美国当代英语语料库书面部分的频率和搭配强度信息计算出来的(COCA；Davies，2009)。本书在第 3.3.3 节中描述了 delta P 度量。双向动词-VAC 搭配强度度量是按照表第 3.1 节中的列联表计算得出的。

$$\text{双向搭配强度}=\left(\left(\frac{a}{a+b}\right)-\left(\frac{c}{c+d}\right)\right)\times(a+b) \tag{4.1}$$

研究者首先证实,学习者的写作成绩随着时间的推移显著提高。然后,他们在用R语言为每个句法复杂性和VAC复杂性指标建立了一个单独的线性混合效应(LME)模型,以检查它是否随着时间的推移而发展,指标为因变量,时间为固定效应(fixed effect),参与者为随机效应(random effect)。在5个句法复杂性指标中,DC/C和MLT均随时间的推移而显著增加,且有中等到大的显著性;MLC和CN/C没有表现出明显的时间关联,而CP/C由于缺乏正态分布而被剔除。在控制了DC/C和MLT对彼此的影响后,Kyle等(2021)的研究得出DC/C是"该数据集中句法复杂性纵向增长的最清楚和最准确的指标"(p. 798)。在6个VAC复杂性指标中,主要动词频率和动词-VAC频率均随时间显著下降,而其他4个指标与时间无明显变化。在控制了主动词频率和动词-VAC频率之间的相互影响后,Kyle等(2021)发现主动词频率与时间有显著相关性。最后,为了预测时间对写作的影响,将两个与时间具有特定联系的指标输入到线性回归模型中,研究者们发现在DC/C和主要动词频率之间具有主效应,能够解释58.3%的方差。

Kyle等(2021)的研究结果表明,随着青少年EFL学习者在两年时间里投入越来越多的时间来学习英语,他们往往会产出更多的从句(也就是更长的T单位)和更低频率的主要动词(也就是更低频率的动词-VAC组合)。DC/C的结果与横向研究(例如,Lu,2011)的结果一致,但不同于Yoon和Polio(2017)纵向跟踪研究报告的结果,后者发现DC/C随着时间的推移没有显著增加。这种结果上的差异可能是由于两项纵向研究中作为被试的学习者的语言水平和/或观察期长度的差异造成的。主要动词频率的研究结果与Bulté等(2008)的基于频率的词汇复杂性测量结果一致(见第4.3节),支持基于使用的语言学理论对二语习得的描述。然而,VAC频率或动词-VAC搭配强度测量缺乏纵向发展,这与预期的基于使用的语言学理论解释相反(见第3.2节)。对于这些测量手段缺乏发展特征的情况,研究者提供的一个可能的解释是学习者得到的输入与COCA书面部分中的语言类型之间存在潜在差异。这一观点切中要害,因为基于使用的研究经常使用大规模的通用语料库,如通过COCA和BNC(Burnard,2007)来获取频率和搭配强度指标(另见第三章回顾的研究),使它们合理地代表了母语和二语学习者得到的语言输入。在第4.3~4.5节中,我们将回顾几项研究,其中使用教授这些二语学习者的母语教师或对话者产出的语言来代表目标语的输入。

到目前为止,这三项研究都集中在二语学习者的CAF发展上。值得注意的是,利用纵向学习者语料库研究二语学习者CAF发展的研究仍然很少。在本部分回顾的最后一项研究中,Vyatkina等(2015)从动态使用的角度考察了初级水平的德语二语学习者的句法复杂性发展,尤其关注句法修饰系统(syntactic modification)。研究者的数据来源于堪萨斯学习者发展语料库(Kansas Developmental Learner Corpus,KANDEL)(Vyatkina,2016),由多组大学生在美国一所大学的基础德语课程中,在连续4个由16周组成的学期里产出的二语德语写作样本组成。这项研究使用了其中12名学生(5名男生和7名女生)的数据,他们完成了连续4个学期的写作任务。在12名学生中,8名是零起点,4名是在高中学过德语课程的初学者。除了一位30多岁的学习者外,其他所有学习者的年龄都在18~22岁。写作样本为每3~5周为真实课程任务所写的文章,写作类型从第一年的叙述和描述发展到第二年的正式信件和阐述类文章。除了在第11~12周和第14~16周这两个时间点写的文章是在家里完成的外,其他所有的文章都是在50分钟的课堂上完成的,没有外部资源。研究者使用TreeTagger(Schmid,1994)对写作样本进行形态-句法和正字法错误进行了修订,并进行了词性(POS)赋码。研究者通过词性标签(POS)搜索名词前形容词(ADJA)、基数词(CARD)、谓语和状语形容词(ADJP)和副词(ADV);通过搜索以介词为中心词、修饰动词和句子的介词短语(PREP),但需要手动剔除这些修饰名词的介词短语;通过使用关系代词和一组从属连词作为标记词,搜索关系从句(REL)和状语从句(SUB)。

第一个分析聚焦二语德语学习者句法修饰关系系统的数量(size)和范围(range)的发展。对于数量,研究者统计了每个学习者在时间点上使用的所有修饰语类型的累积频率计数,并观察到无论是组别还是个体学习者都没有呈现明显的发展趋势。对于范围,研究者在时间点上统计了每种修饰语类型的平均频率计数(每个文本中的形符计数归一化后),没有观察到不同修饰语类型作为整体句法类别的统一发展模式。第二个分析考察了不同修饰语类型频率的组别发展趋势。研究者为7种修饰语类型建立了一个单独的广义LME(linear mixed-effects)模型,其频率作为因变量,时间作为固定效应,任务和写作作为随机效应。不同类型的修饰成分显示不同的组别发展趋势:ADJA、SUB和REL随着时间的推移显著增加,CARD和ADJP随着时间的推移显著下降,PREP在上半年显著增加,但在下半年显著下降,而ADV没有随着时间的推移显著变化。

研究结果表明,从整体上看,二语德语学习者句法修饰系统的数量和范围在4个学期内保持相对稳定。这种稳定性被解释为成年人学习者需要在二语资源有限的情况下表达复杂思想。同时,系统的具体成分(即不同类型的修饰成分)呈现出不同的组别发展趋势。根据研究者的解释,表现出上升趋势的特征与更大的认知困难有关(例如,ADJA涉及相当复杂的德语屈折变化体系),而表现出下降趋势的特征认知困难较小(例如,CARD和ADJP都是没有屈折变化的)。这种解释与基于动态使用的方法的观点一致,发展表现为处于发展阶段更高层次的特性呈现增长,而处于发展阶段较低层次的特征呈现减少趋势(Verspoor等,2012)。研究者将副词频率变化不大的原因归结为学习者对少数高频副词的依赖。他们进一步将介词短语的无明确发展趋势归因于学习者对方位和时间介词短语的依赖,介词修饰句和名词性修饰语可能在学习的较后阶段才能出现。

本节回顾的 4 项研究为我们理解二语学习者 CAF 的发展做出了重要贡献，同时也为进一步的研究留下了很大的空间。二语英语写作句法复杂性的发展在本文研究中表现得最为突出，采用了衡量不同结构层次复杂性的指标和基于使用的 VAC 复杂性指标。未来的研究可以利用大规模的纵向学习者语料库来考察非英语语言中二语笔语、二语口语句法复杂性的发展以及二语口语和笔语流利性与准确性的发展。所回顾的这些研究充分表明，需要控制体裁和任务效应，延长收集数据的时间，并仔细考虑教学的重点投入和用于代表学习者输入的参考语料库，这些都会对所观察到的发展模式具有潜在影响。

4.3 二语词汇知识的发展

本节将回顾利用纵向学习者语料库，考察二语学习者词汇发展的研究，旨在探讨词汇广度和深度知识的发展，以及不同输入、学习者和任务变量对词汇广度和深度知识发展的影响。我们应该注意到 Yoon 和 Polio（2017）关于词汇复杂性发展的部分研究也与本节的主要部分有关。虽然大多数研究集中于英语作为第二语言，我们还是包括了一个将法语作为二语的研究。Crossley 及其同事进行了几项研究，展示了如何在多项研究中使用相同的纵向学习者语料库来复制或验证早期的研究发现，并通过研究方法的改进逐步扩大同一领域（在这种情况下是指二语学习者词汇发展）研究的广度或深度。

在第一项研究中，作为在不同教育背景下二语语言水平发展的大型研究项目的一部分，Bulté 等（2008）探讨了讲荷兰语的二语法语学习者的词汇水平发展。研究者指出，在他们进行研究之前，大多数二语词汇研究都采用了共时设计（synchronic design），在存在这种研究不足的情况下他们的词汇水平发展追踪研究就显得尤为必要。他们的被试是 19 名母语是荷兰语的法语学习者和 19 名母语是法语的学生，他们来自比利时布鲁塞尔 10 所用荷兰语教学的中学，将母语是法语的学生包括在内是为了确定可以对比的标准。在最初收集数据时，所有二语法语学习者都经历了至少 4 年的 FFL（French as a foreign language）学习和在自然情况下不同程度地接触法语。从第一年到第三年，每个学习者每年口头完成一次青蛙故事任务（根据一本无词绘本复述一个故事）。在第二年，每个法语母语者完成一次相同的任务，最终在他们的语料库中总共有 76 个录音，每个录音都以 CHAT 格式进行转录，以便使用计算机语言分析（CLAN）程序（MacWhinney，2000）对转录进行分析。研究者将所有实词进行了词形还原，并为所有名词、动词和形容词进行了词性赋码。然后，他们计算了 42 个词汇多样性（diversity）、复杂性和能产性（productivity）的量化指标，但在研究中报告了其中 22 个指标的结果。这 22 个测量指标被分为三类。第一类为“标准”（standard）指标，包含 7 个区别类符和形符的指标,即类符数、实词类符数、所有类符的 Uber 指标、仅实词类符的 Uber 指标(Dugast,1979)、所有类符的 Guiraud 指标、仅实词类符的 Guiraud 指标(Guiraud,1960)和 D 指标(Malvern 等,2004)。第二类为“词类”(class),包含 9 个针对特定词类的指标,即每个实词类别(即名词、动词和形容词)的形符数,以及每个实词类别(即名词、动词和形容词)的 Guiraud 指标,后者分为两种,一种以实词为分母进行计算①,另一种以所有词类为分母进行计算。第三类为“频率”(frequency)指标,具体包含 6 项,依靠 3 个外部词汇频率列表来将词汇确定为基本词汇或者高级词汇,即每个列表中的词汇数量,以及每个列表中词汇的 Guiraud 指标。

研究者通过一系列重复测量的方差分析和事后 Bonferroni 比较了二语学习者在 3 个时间点上的词汇水平,结果显示,除了两个基于一个词汇频率列表的频率指标外,所有的指标都随着时间的推移呈现显著发展的趋势。在这 20 个显著增加的词汇复杂性指标中,12 个指标从第一年到第二年显著增长,但只有两个基于频率的词汇复杂性指标从第二年到第三年继续显著增长。研究者还进行了一系列配对样本 t 检验来比较二语学习者在各个时间点与法语母语者的成绩,结果表明,除了词汇能产性和形容词多样性两项指标外,法语母语者在所有测试项目和三次测试中的表现都优于二语法语学习者。

Bulté 等(2008)得出的结论是,二语法语学习者在词汇多样性、复杂性和能产性方面有显著的进步,但是这种进步在第一年之后放缓,词汇多样性和能产性的发展尤其如此。他们将第二年到第三年缺乏持续增长归因于他们的研究方法,也就是说,二语学习者可能“在第三次讲述同样的青蛙故事时经历了任务动机的减弱,并且在提升词汇能产性和多样性叙事上投入的努力较少”(Bulté 等,2008:293)。他们进一步认为,随着时间的推移,FFL 学习者的词汇水平并没有达到法语母语者的水平。形容词多样性和两组被试在多样性方面缺乏差异也归因于所使用的任务,因为这样的任务无法让两组被试产出丰富的形容词。Bulté 等(2008)认为,他们的研究结果表明,注重形式的/显性(formal/explicit)和非注重形式的/附带(informal/incidental)的词汇学习都有局限性,我们需要“在教学中耐心而合理地期待二语词汇的发展”(p. 295)。

在这项研究中,有两个研究方法问题特别值得注意。首先,研究者对潜在任务效应的讨论引出了一个有趣的问题,即研究者如何在一般纵向研究中同时控制好任务效应,避免重复效应,实现研究的普适性(generalizability)。其次,研究者还报告了在他们的研究中所使用的 22 个指标之间存在非常强的相关性,表明他们可能使用了词汇水平的相近维度,因此减弱了代表不同维度词汇水平指标的结构效度。尽管存在这些问题,作为对英语以外的二语学习者词汇能力发展的最早纵

① 以名词为例,计算的公式分别为:$G(N/N)=\frac{\text{noun types}}{\sqrt{\text{noun tokens}}}$;$G(N/All)=\frac{\text{noun types}}{\sqrt{\text{all tokens}}}$,详见 Bulté 等(2008)。

向研究之一,该研究对青少年二语法语学习者(尽管数量有限但却具有显著性)在FFL语境中的词汇水平发展有所启示。虽然这项研究与Yoon和Polio(2017)在几个方面有所不同(例如,中学FFL学习者与成年ESL学习者),但更长的观察期可能是影响词汇多样性、复杂性和能产性显著增长的关键因素。

Bulté等(2008)在二语词汇发展研究中使用的词汇水平测量方法相当广泛,因为他们不是测量词汇的特定属性,而是测量它们的频率。Yoon和Polio在2017年的研究中使用的词汇复杂性指标也是如此。在本节回顾的第二项研究中,Salsbury等(2011)采用测量词汇心理语言学特性的方法,研究6名成年二语英语学习者一年中自发性言语(spontaneous speech)产出中的词汇增长。本研究中使用的学习者数据来源于一个参加美国某大学6个级别的英语强化课程的ESL学习者纵向语料库,大多数学习者处在该课程的第一级。在一年中学习者每两周接受一次英语母语者的访谈,累计共18次(每次30~45分钟),每次访谈使用不同的口语产出提示材料(例如,情感卡片描述、图片描述、提问和话题讨论)和一些由学习者自选的话题。研究者在这项研究中使用了一组来自6个ESL学习者的数据。每个学习者的每次访谈都被转录并保存为一个单独的文本。由于并非所有学习者都参加了所有的访谈,这6名学习者在一年的观察期间总共产出了99篇文本,每人13~18篇。

研究者删除了感叹词和标点符号(句号和问号除外),并检查了文本中的拼写错误。然后,使用Coh-Metrix(Graesser等,2004)对每个文本进行自动分析,以获得4个词汇心理语言学评分:具体性(concreteness)(某个词汇的抽象或具体程度)、形象性(imageability)(构建某个词汇的心理图像的难易程度)、熟悉度(familiarity)(母语者对一个词汇的熟悉程度)和意义性(meaningfulness)(一个词汇与其他词汇在意义上的相关程度)。对于每个词汇心理语言学属性,每个文本的评分被计算为该属性在医学研究委员会(Medical Research Council,MRC)数据库(Wilson,1988)中可用评分的平均评分。MRC数据库中4个属性的词汇评分数量不同,从意义性的2 627个词汇到熟悉度的4 920个词汇不等。在学习者语料库中发现的3 690个类符中,具有这4个属性评分的词汇百分比范围从熟悉度和形象性的30.0%到意义性的37.9%不等。

研究者进行了一系列重复测量的方差分析(ANOVA),以时间为自变量,4个心理语言学评分为因变量,并进行事后比较,观察这些评分是否随时间变化呈现线性增加。在这些分析中,研究者使用了第2、4、16、32、50和52周的数据,以涵盖观察年份的早、中、晚期,并可以使研究不受由于学习者缺席而导致的数据缺失的影响。学习者的具体性、形象性和意义性评分随时间变化显著降低。这些研究结果表明,随着学习者学习英语的时间增加,他们使用更抽象的语言能力有所增强(例如,使用诸如weird和bother之类的更抽象的词),他们的口语表达不再过分依赖于视觉环境(例如,使用诸如 control 和 theory 之类的较少形象化的词),开始使用更多与其他词的语义关联较少的专业词汇(例如,使用具有较低意义性评分的词,如 link,而不是具有较高意义性评分的词,如 pet)。然而,熟悉度评分在时间上并没有显著降低。研究者的解释是,他们研究中的 ESL 学习者不太可能使用许多对于母语者来说不熟悉的词汇,并且可能需要超过一年的时间才能观察到二语学习者的熟悉度评分发生显著变化。

Salsbury 等(2011)的研究的一个显著优点是他们运用了与词汇心理语言学属性相关的特征。结合纵向研究方法,这些特征加深了对二语学习者的词汇知识发展的了解,很好地补充了先前关于二语学习者词汇广度发展的研究发现。研究者还进行了一些分析,以检验话题对他们的研究结果的潜在影响。例如,他们分析了抽象话题(如政治、爱情)是否在研究早期引发了更多的抽象语言,得出结论是,话题并不是影响二语学习者评分的因素。然而,他们也承认,一些话题的确更适合不同类型的语言表达,因此他们建议在未来的研究中对话题进行更系统的控制,来检验他们的研究发现。

在这部分回顾的三项研究中,前两项研究代表了融合学习者语料库数据,考察二语产出性词汇知识广度和深度的纵向发展的研究,而第三项研究证明了复制性研究的价值。该研究在之前关于二语词汇发展研究发现的基础上进一步验证了以上研究发现。Crossley 和 Skalicky(2019)指出了 Salsbury 等(2011)研究的几个局限性,包括样本量较小(6 名学习者)、未控制一些可能是很重要的学习者变量(如年龄、语言水平和性别)以及未关注个体被试的差异性。鉴于这些局限,他们复制了 Salsbury 等(2011)的研究,以确定他们的发现是否能够对处于新环境中的新群体具有普适性(Porte,2012)。

该复制性研究中使用的数据包含 50 名参加强化英语课程的 ESL 学习者(非注册学生)和 50 名就读于美国一所大学的本科或研究生 TESOL 课程(注册学生)的学生之间的自然对话(naturalisitc conversations)的转录文本。对话每 4 个月进行一次,每次持续约 30 分钟,在一名非注册 ESL 学习者与一名注册学生之间进行。每次对话的一部分被转录,然后将转录分成两个文本,分别代表两个交谈者的口语表达。本研究的分析仅关注 50 名非注册 ESL 学习者的口语表达,被试人数超过了 Salsbury 等(2011)实验中被试人数的 8 倍以上。在学习者变量方面,研究者考虑了性别(35 名男性和 15 名女性)、年龄(平均年龄为 26.1 岁,标准差为 8.26,范围为 18~55 岁)、语言距离(language distance)分数(根据学习者的母语与英语之间的距离,分数从 1~3,一共有 6 种不同的母语背景)和语言水平(根据学习者在 ACT ESL Compass 考试中的得分,分为高初级、低中级、高中级或高级)。之所以选择这些变量,是因为一些研究报告了这些变量与词汇水平发展之间存在正向相关关系(例如,Birdsong & Molis,2001;DeKeyser,2000;Roquet 等,2016;

Schepens 等，2013；Sunderland，2000；Van der Slik，2010）。研究者使用了 TAALES(Kyle & Crossley,2015)来获得与 Salsbury 等(2011)所使用的相同的 4 个词汇心理语言学属性特征(即具体性、形象性、熟悉度和意义性)。

为了检验是否存在线性增长趋势，研究者使用 R 语言中 lme4 软件包(Bates 等,2015)为每个词汇特征构建了一个单独的线性混合效应(LME)模型，将词汇特征作为因变量，将以下变量作为固定效应：性别、年龄、语言水平、对话伙伴匹配(ESL 学习者是否与母语或二语英语使用者交谈)、对话顺序和语言距离。此外，研究者将被试作为随机效应，并将对话顺序作为被试的随机斜率(random slope)，以发现个体差异。如果存在显著性，模型中会保留对话顺序和语言水平以及对话顺序和语言距离之间的交互作用。研究结果显示，在预测具体性、意义性和形象性时，在 LME 模型中对话顺序具有显著主效应，但在预测熟悉度的 LME 模型中没有显著主效应。此外，结果表明，语言水平显著地预测了具体性、形象性和意义性得分，高水平学习者产出的具体、形象和有意义的词汇比低水平学习者少。年龄、性别和语言距离对这 4 个得分中的任何一个都没有显著性预测，这一结果在一定程度上令人惊讶，因为先前的研究报告了年龄较小的学习者(DeKeyser, 2000；Birdsong & Molis,2001)、女性学习者(Sunderland,2000；Roquet 等,2016)和母语与目标语更接近的学习者(Schepens 等,2013；Van der Slik,2010)的语言优势。但在本研究中，在任何 LME 模型中都没有发现交互作用效应。

Crossley 和 Skalicky(2019)的研究为 Salsbury 等(2011)关于二语学习者词汇心理语言学特征的纵向发展所报告的结果提供了强有力的支持。具体而言，不论年龄、性别和母语背景如何，二语英语学习者学习的时间越长，使用的具体性、形象性和有意义的词汇越少。在这项研究中词汇习得发生的观察期比 Salsbury 等(2011)的研究(4 个月与 1 年)更短。作为第一批二语词汇发展研究领域的复制性研究之一，该研究证明了这类研究的价值是通过方法上的改进验证先前研究结果。该研究的结果还表明，纵向研究中的样本大小和观察期之间可能存在一个有趣的权衡关系，值得进一步探索。

接下来将回顾的研究与前面的研究不同之处在于它探讨了一个重要的输入因素，即随着时间的推移，绝对词频(absolute word frequency)对二语词汇输出的影响①。Crossley 等(2014)利用 Salsbury 等(2011)研究中所检验的 6 名 ESL 学习者的纵向数据作为二语输出数据，以及由 13 名母语为英语的采访者产出的口语作为母语输入数据，从基于使用的理论角度研究了这种影响。这 13 位采访者都是从一个研究生水平的二语习得课程中招募而来，每个 ESL 学习者在一年的时间内与 3 个或更多的采访者进行互动。因为有 10 个文本包含的数据与自由对话的特

① 本研究将“绝对词频”(absolute word frequency)定义为每个单词的原始形符数量(raw tokens for individual words)。详见 Crossley 等(2014)。

征不符(例如图片描述),99个学习者产出的文本中只有89个被用于研究,还有与这些学习者文本匹配的89个母语英语说话者文本。研究者为每个文本计算了4个词频指标。两个基于Baayen等(1995)的CELEX数据库使用Coh-Metrix(Graesser等,2004)计算得出,即文本中在CELEX数据库中所有词汇的平均对数(以10为底)频率,以及文本中在CELEX数据库的口语产出中所有词汇的平均对数频率。另外两个是基于BNC使用Vocabprofiler(Cobb,2002)计算的,即在BNC中一级词汇的百分比(即前1 000个最常见词汇),以及第二级之外词汇的百分比(即BNC中前2 000个最常见词汇之外的词汇)。

对观察期内母语者和二语学习者被试在第1周、第27周和第50周使用的最常见的50个单词进行的分析显示,每周这些单词的类符/形符分布在母语者输入中呈现出齐普夫分布,但在二语学习者输出中没有出现。此外,母语输入和二语输出中这50个单词的排序也不同,并且在3个时间点上仅显示出弱到中等的相关性(r=.285~.495)。研究者指出,母语者和二语学习者在使用第一人称代词(例如"I")和疑问句形式(例如"what")时存在很大差异。排除了这些形式的前50个母语者和二语学习者最常用词汇的第二次分析结果与第一次分析基本相似。使用线性曲线预估,研究者发现CELEX指标在母语输入中呈现显著的负线性趋势,但在二语输出中呈现显著的正线性趋势。这些结果表明,随着ESL学习者学习英语时间的增加,母语受访者很可能调整了他们的词频(即使用了更多低频词),而学习者则产出了更多高频词。在4个词频指标中,仅第二级之外的词汇百分比在母语输入和二语输出中显示出显著但较弱的相关性(r=.245),最多只能证实母语者和二语学习者所产出的词汇频率分数之间的较弱关系。对类符的分析显示,随着时间的推移,母语者和二语学习者都产出了更多低频的类符,但ESL学习者对不频繁的类符重复使用的频率降低,而对频繁的类符的重复使用频率保持不变,而母语采访者则降低了对不频繁和频繁的类符的重复使用频率。

综上所述,Crossley等(2014)发现对于他们的ESL学习者而言,母语输入中词频与二语输出中的频率没有相关性,这"表明该研究中的二语学习者没有与他们的对话者产出相似的常见词频"(p. 325)。研究者们认为,这一发现并不一定与UBL中提出的语言学习的频率效应相矛盾,但它表明仅仅通过输入中的绝对词频无法解释二语输出中个别词汇的产出,因为其他因素,如语音突显度和语言迁移(cross-linguistic influence)可能会对其产生影响。

在本节回顾的最后一项研究中,我们讨论Crossley等(2019)如何重新审视二语学习者的词频产出的发展模式,他们使用了Crossley和Skalicky(2019)的同一数据集。利用数据集中被赋码的变量,研究者还研究了词频产出与4个学习者变量(即母语背景、年龄、性别和语言水平)之间的关系,以及词频产出与语言水平之间的潜在交互作用。研究者使用TAALES(Kyle & Crossley,2015)获得了基于

COCA(Davies,2009)口语部分代表母语英语使用规范的类符和形符频率特征,以及基于 TOEFL 11 语料库(Blanchard 等,2013)的类符和形符频率特征,该语料库包含了 11 000 个 TOEFL iBT 作文,代表二语英语使用的规范。基于 COCA 的类符和形符频率值是通过将文本中所有类符(或形符)的频率值进行对数变换后求和,再除以文本中的类符(或形符))的数量得到的。基于 TOEFL11 语料库的类符和形符频率值以相同的方式计算,但排除了频数为 1 的类符,以排除新造词(neologisms)和拼写错误。

与 Crossley 和 Skalicky(2019)的研究类似,研究者为每个词频特征构建了单独的 LME 模型,将频率测量作为因变量,使用相同的自变量(即性别、年龄、语言水平、对话者匹配、对话顺序和语言距离)、随机效应(即参与者)和随机斜率(即对话顺序)。对于 COCA 口语形符频率,年龄和语言水平显示出显著的负主效应,而语言距离显示出显著的正主效应;对话顺序没有显著的主效应,但与语言水平之间存在显著的交互作用效应。特别值得注意的是,在早期对话中,中级学习者的 COCA 口语形符频率显著低于高级学习者,但随着时间的推移,其口语形符频率明显提高。对于 TOEFL 11 形符频率,语言水平和语言距离显示出显著的正主效应,但对话顺序没有显著的主效应或交互作用效应。对于 COCA 口语类符频率和 TOEFL 11 类符频率,主效应或交互作用均没有呈现显著性。检验 COCA 口语形符和类符指标中实词和虚词的事后分析显示,年龄仅对实词形符具有显著主效应,语言距离仅对虚词形符具有主效应,没有出现其他主效应或交互作用。

与 Crossley 等(2014)的研究类似,Crossley 等(2019)总结了他们的研究结果,表明随着二语学习者学习英语的时间增加,他们倾向于产出更常见的词汇,这表明"频率效应对于单一语言方面(如词汇)的习得不是强大的预测因子"(p. 740),而其他基于使用的因素,如突显度,可能发挥关键作用。本研究基本上重新使用了纵向学习者语料库和大部分与之前研究相同的数据统计程序(Crossley & Skalicky,2019),以不同的视角重新考察了随着时间推移频率对二语词汇输出的影响;而另一项之前的研究也探讨这一影响(Crossley 等,2014),使用了从外部母语和二语参考语料库获取的频率模式,而不是直接从母语交流者提供的输入获取的频率模式。此外,该研究还通过考虑多个学习者变量扩大了二语学习者词汇频率产出发展模式的研究范围。正如我们在本节开始时提到的,这一系列研究充分展示了一种高效和富有成果的研究方法,检验、完善和扩展了先前关于二语词汇发展的相关研究。

综上所示,本节中回顾的这 5 项研究展示了二语学习者的产出性词汇知识随时间变化在广度和深度的发展,以及这种发展可能受到各种输入、学习者和任务变量的影响。这 5 项研究都采用了纵向学习者语料库数据,精心选择了可量化的词汇特征、高效的自动化词汇分析工具和适合研究问题的统计分析程序,揭示了二语学习者词汇发展的轨迹。其中几项研究还可以相互补充,提供更强有力的证据支持观察到的发展模式和影响因素。还有一些值得注意的问题和未来研究的潜在方向。第一,可以在研究中包含更丰富的词汇水平特征。例如,现有词汇特征通常没有考虑到多义词在不同语境中使用不同义项的情况,因此有必要建立词义多样性和复杂性的模型(例如,Lu & Hu,2022)。第二,通过计算二语产出中词汇在某一词汇心理语言属性上的平均评分,来评估二语产出中的特定词汇心理语言属性,假设不同语言水平的学习者对同一单词的该属性是否具有相同的感知度。然而,在现实中,他们可能对同一单词的属性有着不同的感知,或在不同语境中以完全不同的方式使用这些词汇,在某种程度上,这是因为许多单词具有不同的含义和用法。因此,最近的研究开始尝试采用动态方法评估二语产出的词汇心理语言属性(例如,Sun & Lu,2021)。第三,虽然第二和第三项研究分别显示了二语学习者分别在 1 年和 4 个月的时间内的词汇知识深度的发展,但第一项研究显示,在第一年之后,二语学习者词汇知识广度的发展放缓。未来的研究可以使用更长的观察期来研究二语学习者词汇知识深度的长期发展。第四,这一领域的未来研究应仔细考虑话题对研究结果的潜在影响,这是我们回顾的多项研究中提出的问题,需要如何更好地处理这一因素。例如,有必要确定一组不会引发显著不同类型语言表达的话题集,并使用这样的话题集复制第一项研究,以验证否是由于在整个研究中使用相同的话题导致了语言产出在第二年发展的停滞。

4.4 二语短语的发展

本节将对使用纵向语料库分析方法来探讨二语学习者短语发展轨迹的研究进行回顾。此类研究总体上采用量化研究方法,但所考察的短语单位类型和用于衡量二语学习者短语能力(phraseological competence)的定量指标有显著差别。在所回顾的第一项研究中,Crossley 和 Salsbury(2011)考察了 6 名成年 ESL 学习者的词块准确性发展[此 6 名学习者与第 4.3 节中 Salsbury 等(2011)的研究对象相同]。在这项研究中,词块被理解为短语或多词词汇单位(phraseological 或 multi-word lexical units)(McCarthy,2006),研究者专门收集二元单位(bigrams),以避免数据过少(data sparseness),所使用的学习者语料库是由 Salsbury 等(2011)使用的 99 个转录文本(transcripts)组成的。为准备用于词块分析的转录文本,研究者将缩略形式和语音混合(phonological blends)转换为其完整形式(如将“I' m”转换为“I am”;将“gonna”转换为“going to”),并将此学习者语料库与圣芭芭拉美国英语口语语料库(Santa Barbara Corpus of Spoken American English)(Du Bois 等,2000—2005)(该语料库由 20 万词次英语为母语的美国人在自然场景下非正式会话所产出的自然口语组成)进行对比。

研究者据此数据展开了两项分析。第一项分析基于这样的假设,二语学习者词块准确性的提高应该体现在产出类型及频率逐步接近英语母语者的词块产出。研究者将为期 12 个月的学习等分为 4 个阶段,将学习者语料库和母语者语料库之间共有的二元单位最低频率设置为 2,并将两个语料库中二元单位的归一化概率计数(每千词)进行了相关性分析,观察在 4 个阶段中词块产出的准确性是否有所提高。同时,研究者还使用 z 值转换(z-score conversion)计算出第 1 和第 4 阶段之间的相关性差异,了解是否出现显著提高。研究者对每个学习者个体也进行了相同的分析方法。在组别层面,相关性从第一阶段的.60 线性增加到第 4 阶段的.81,且第 1、4 阶段相关性的差异具有统计学意义,表明学习者的词块准确性随着他们学习英语的时间增加而提高。在个体层面,4 名学习者的词块准确性随时间推移呈上升趋势,其中三名学习者在第 1 至第 4 阶段出现显著提升,并且此 4 个人的托福成绩也与他们的英语学习时长显著相关;两名学习者的词块准确性没有随时间推移显示提升,且他们的托福成绩与英语学习没有显著的相关性,这表明他们在词块准确性方面的增长不足是其总体语言水平提升不足造成的。

在第二项分析中,研究者对在第 1 和第 4 阶段两名或多名二语学习者产出的与母语者共有的二元进行了定性研究,对这些二元单位根据其语用和句法功能进行分类。研究者发现,二语学习者产出的二元具有若干区分英语母语口语和笔语的功能,包括填充词(例如,“I mean”“kind of”)、表达观点(例如,“I think”“I like”)、表达疑问(例如,“What is”“What I”)和并列连词(例如“and I”“so I”)的二元单位。此外,他们还产出了一些用于自我表达(例如“I am”“I want”)或讨论可能性(例如,“maybe I”“you can”)的二元。对于大多数类别而言,随着时间的推移,二语学习者产出的二元频率与母语者相当,或接近于母语者,但其产出的有关自我表达的二元频率随着时间的推移有所增加,这一趋势与母语者相反。

本研究一个很有趣的理论贡献是根据词块在母语中的使用频率来概念化二语学习者的词块准确性,并将这一过程与二语习得中普遍使用的频率效应概念(详见第 3 章)和短语习得概念联系起来,短语习得产生于“共现词之间递进的搭配强度”(Ellis,2002:173)。研究者分析了学习者和母语者语料库之间共有的二元频率和功能,揭示了学习者词块准确性的发展轨迹,其特征为在形式、频率和功能方面逐渐接近母语者。这些发现为概念化词块准确性提供了证据,并对隐性学习具有重要意义。同时,由于本研究被试学习者的数量较少且只关注二元,如果能够扩大样本规模和增加词块长度,将有助于提升研究结果的普适性。

Crossley 和 Salsbury(2011)使用参照语料库二元的频数作为衡量二语学习者词块准确性指标,而 Bestgen 和 Granger(2014)则提出使用互信值和 t 值(t-score),测量参照语料库中连续二元单位(contiguous bigrams)的搭配强度,对二语学习者短语能力的发展进行量化研究,并称之为“CollGram 方法”。Bestgen 和

Granger(2018)用该方法分析了学习者发展数据库(LONGDALE)的部分文本,追踪学习者的短语发展情况,被试包括 89 名来自鲁汶大学母语为法语、英语作为第二语言的学习者所写的 178 篇(略大于 10 万词次)议论文,其中 89 篇写于大一年级(T1),89 篇写于大三年级(T3)。研究者首先对每个文本进行正字法校对,然后使用 CLAWS7 赋码器(CLAWS7 tagger)进行词性赋码,从 T1 和 T3 语料库中提取了包含下列 3 个词性类别的全部二元单位:名词-名词(NN)、形容词-名词(JN)和副词-形容词(AJ),并计算了每个二元单位在 BNC 中出现了 5 次或以上的互信值和 t 值。从学习者语料库中提取的二元被归类为低于阈值(频率<5)、非搭配(互信值<3;t 值<2)、低度搭配(3≤互信值<5;2≤t 值<6)、中度搭配(5≤互信值<7;6≤t 值<10)和高度搭配(互信值≥7;t 值≥10)。最后,针对两种搭配强度值分别计算二元单位在 5 个类别中的百分比。这些百分比从每个单独文本获得,并计算每个二元类别(即名词-名词、形容词-名词、副词-形容词和全部)。

通过对匹配后的样本(相当于不假设数据正态性的学生 t 检验)进行随机化检验,研究者发现了从 T1~T3 的一些显著变化。

综合考虑所有二元词性类别可发现最为显著的变化:对于两种搭配强度值而言,非搭配二元类符和形符在 T3 阶段始终较少,而高互信值和高 t 值二元类符和形符在此阶段均较高。上文所述的 3 个特定词性二元类型的结果有所不同:名词-名词二元单位在两个时间点的使用频率均最低,且从 T1~T3 无显著变化;形容词-名词和副词-形容词呈现与其他词性类别二元相似的结果,但在 T3 阶段高互信值的副词-形容词二元百分比显著低于 T1 阶段。研究者指出,这一例外与先前的研究结果一致,即低水平学习者倾向于使用更多的形容词增强语,如 most(例如,"most important")(Lorenz,1998)。

总之,本研究的结果表明,二语学习者在 3 年时间内非搭配二元的产出减少,频率较低但搭配强度更高的二元产出增多。由于该研究在研究方法上有所侧重,因此没有从特定的角度明确阐释这些研究结果。尽管如此,这些发现与第 3 章中用来讨论频率效应和或关联性效应的基于使用的语言理论假说(UBL hypotheses)相一致。他们认为 CollGram 方法关注了二语学习者产出二元单位的适切性而非将其按照正确或错误进行归类,实现了以细粒度的形式呈现二语短语能力的发展规律。他们同时也指出了两点。其一,与数据收集的密度有关,即本研究只收集了两个数据点(T1 和 T3)的数据,因此无法揭示二语学习者短语能力的完整发展轨迹。其二,(写作)话题很可能影响学习者的词汇使用情况,但要求学习者就同一话题重复写作并不可行,这第二点关乎缺乏对个体变异的关注。

Bestgen 和 Granger(2018)认为相对于绝对正确性判断(absolute correctness judgments),用搭配强度测量其适切性能够更好地评估短语能力,这一观点与 Yoon(2016)的研究如出一辙。Yoon 考察了一组英语二语学习者在一个学期写作中动词-名词组合搭配强度方面的短语能力发展。他建立了一个短期纵向学习者语料库，数据来自美国一所大学英语强化课程的 51 名成年人英语二语学习者，为期 15 周。因这些学生被安排在 6 个级别课程的两个最高级别，他们被认为是中高级水平学习者，每周接受 6~8 小时的英语写作指导，每位学习者在一个学期内间隔两到三周撰写 6 篇文章。在第 1、3、5 个时间点写作体裁为记叙文，其他 3 个时间点写作体裁为议论文。研究者还通过招募同一所大学的 46 名母语为英语的本科生建立了一个对比语料库。这些学习者每人撰写了一篇记叙文和一篇议论文，每个文本的拼写错误都进行了订正，使用 TreeTagger(Schmid，1994)进行了词性赋码，并人工检查了赋码的准确性。其后，通过使用 AntConc(Anthony，2014)人工检查索引行中动词词目(verb lemmas)前后出现的名词词目(noun lemmas)，从文本中提取动名组合，去除提示语(prompts)(如"carry laptop")中的动名组合后，共识别出 6 457 个组合(例如，make research、spend time)，从 COCA 提取了每个组合的频率和互信值。

为评估二语学习者写作中搭配强度随时间的发展情况，研究者对每种体裁分别进行了重复测量方差分析。结果表明，两种体裁的组合类符和形符的互信值随时间的推移没有显著变化。研究者进一步比较了二语学习者和母语者在最后一篇记叙文和议论文中的互信值。在被试间方差分析中，母语者在议论文中的互信值显著高于英语二语学习者，而在记叙文中的互信值与二者学习者表现相当。详细分析两组在两种体裁写作 20 个最高频的组合表明，母语者在议论文中使用乏义动词(general verbs)(例如，have、make、take 和 do)的频率低于记叙文，而二语学习者在两种体裁写作中相当频繁地使用此类动词。对两组产出的高互信值组合的进一步分析表明，母语者使用了更多的以学术写作(例如，address dilemma、cause misunderstanding)为特征的低频搭配。

研究者提出了两种解释一个学期内搭配强度未发生变化的可能性。首先，一个学期的长度可能不足以研究短语能力的纵向发展。其次，分析的文本长度可能太短，无法出现显著变化。Bestgen 和 Granger(2018)的一个为期 3 年的搭配强度显著变化的研究发现支持了第一种解释。研究者进一步指出二语学习者可能在两种体裁中已获得不同水平的短语能力，并且在记叙文体裁中的短语搭配操控能力优于于议论文。在研究方法上，研究者强调了 Bestgen 和 Granger(2018)的观点，即使用搭配强度指标是一种有用的方法，可衡量学习者在特定情境下的短语准确性与母语使用者的接近程度。

作为本节回顾的最后一项研究，Siyanova-Chanturia 和 Spina(2020)探讨了意大利二语学习者在为期 6 个月的二语写作中特定类型的短语词汇(phrasal vocabulary)的发展，使用纵向学习者语料库研究名词+形容词(N+Adj)组合的发展。该研究填补了学习者语料库文献中关于短语词汇发展的若干空白，特别是大规模纵向语料库的使用,以及对目前未被充分研究的意大利语作为二语和将较低水平学习者作为研究对象。本研究使用的数据来自中国意大利语学习者纵向语料库(Longitudinal Corpus of Chinese Learners of Italian)(LCCLI;Spina & Siyanova-Canturia,2018),由 175 名中国成年人意大利语学习者的 350 篇文章组成(共约 9.7 万词次)。每位学习者在意大利的一所大学为期 6 个月的全日制意大利语强化课程开始和结束时各写一篇文章。根据 CEFR,将学习者的水平分为 A1 或初学者($n=39$)、A2 或初级($n=86$)、B1 或中级($n=50$)。课程向学习者提供 3 个类似的作文题目(即"我对意大利和意大利人的第一印象""我的爱好:我在空闲时间通常做什么?""我的最后一个假期"),并指导他们就两个不同的话题进行写作。正如第 4.3 节中所述,这种控制话题、避免重复效应的方法具有可取性。使用 TreeTagger(Schmid,1994)对语料进行词性赋码,然后进行半自动的赋码后订正(post-tagging revision)。研究者将 N+Adj 组合作为研究对象是因为这种结构对意大利二语学习者具有挑战性,在意大利语中,一个或多个形容词可以出现在名词之前或之后,形容词的位置取决于句法和语义限制(semantic constraint)(Spina,2019)。研究者通过简单搜索名词后接形容词,从语料库中提取了 1 550 个 N+Adj 组合。他们删除了文章题目中的 49 个组合,保留了其余 1 401 个以供下一步分析。

研究者采用了 5 个测量指标,每个都反映了二语学习者词汇组合发展的一个独特方面:短语频率解释词汇组合的整体重复次数;互信值测量组合中构成词(constituent words)之间的搭配强度;Delta $P_{forward}$ 和 Delta $P_{backward}$(参见第 3.3.3 节)用来评估组合中前后两个单词如何相互吸引构成搭配;词汇引力(lexical gravity)用于评估组合的多样化程度,计算公式取自 Daudaravičius 和 Marcinkevičiene(2004:331)的公式(1)。(1)式中,$G(x,y)$ 表示词对 x 和 y 在语料库中的引力计数(Gravity Counts),$f(x,y)$ 表示 x 和 y 在语料库中的组合频数,$n(x)$ 和 $n'(y)$ 表示词对 x 在语料库中左右特有形符的数量,$f(x)$ 和 $f(y)$ 表示语料库中 x 和 y 的频数。

$$G(x,y)=\log\left(\frac{f(x,y)\times n(x)}{f(x)}\right)+\log\left(\frac{f(x,y)\times n'(y)}{f(y)}\right) \tag{4.2}$$

与 Crossley 和 Skalicky(2019)的研究类似,研究者使用 R 语言建构了 5 个不同的线性混合效应(LME)模型来考察 5 个指标在时间和其他变量的作用下是否发生变化,以及在多大程度上发生变化。在每个模型中,因变量是问题特征,固定效应包括时间、语言水平、话题、名词的频率和长度、形容词的频率和长度以及使用 Guiraud 指数(Guiraud index)(即词的类符数除以形符数的平方根)计算的词汇多样性,并将学习者随机效应嵌套在班级内,时间作为学习者的随机斜率,以捕捉个体差异。与本节中对二语短语发展关注尤为相关的是,结果显示时间对 5 个特征中的 4 个(即除互信值之外)有显著负向影响。此外,时间与语言水平对频率和两个 delta P 特征也存在显著的交互作用:时间对 A1 学习者的负向影响更强,对 A2 学习者负向影响更弱,而在 delta $P_{backward}$ 情况下,时间对 B1 学习者的影响为正向。其他几个预测因子对一些或全部 5 个特征也有显著影响,包括话题、名词频率、形容词频率、名词长度和形容词长度,并且名词和形容词频率和长度在几个特征上存在显著的交互作用。从 5 个模型的随机效应分析中观察,17 个班级的 175 名学习者产出 N+Adj 组合的个体差异很小。总体而言,模型中包含的固定和随机效应对短语频率的预测效果最好,解释了总方差的 21%。

这些结果表明,意大利语二语学习者在 6 个月后产出了更多的低频搭配,以及构成成分之间"相关性强度、相互吸引或相互预测"程度更低的搭配(Siyanova-Chanturia & Spina,2020:446-447)。同时,时间对 A1、A2 和 B1 学习者的影响不同。尤为特别的是,A1 学习者在常用且高频和较为固定的 N+Adj 组合的使用上降幅最大,表明这些学习者花费更多的时间学习意大利语,最有可能尝试新的、不常见的搭配。根据这些结果,研究者得出结论,即学习这些搭配是一个"充满困难"的过程。在这个过程中,"更多地接触语言和更高的语言水平并不一定会产出更地道、更接近目的语的输出,反而可能会导致语言更不地道、更加依赖低频率搭配"(p. 452)。

仔细观察本节所回顾的研究在研究设计、分析方法和研究发现方面的差异和共性,可发现一些值得注意的问题和未来发展趋势。首先,所有研究者都呼吁使用更大规模的纵向学习者语料库,在更长的时间内采集更密集的数据,使短语发展得到充分显现。在教学语境中建立此类语料库时,需要谨慎控制主题和重复效应。其次,在描述二语学习者的短语发展轨迹时,需考虑到时间与其他变量(如体裁和学习者水平等)的交互作用以及学习者个体之间的潜在差异,研究者认为混合效应模型对为这种交互作用和差异建模尤为有效。再次,短语能力需要被概念化为一个多维构念,并挖掘不同维度的不同特征,以充分理解二语学习者这一能力的发展。最后,本节回顾的研究中英语二语和意大利语二语学习者的不同结果强调了探讨英语以外语言的二语学习者短语发展的重要性。

4.5 二语语法和形态-句法构式的发展

为验证 Goldberg(2006)的观点,假设能够提供高频、具有语义原型性的范例,形符和类符比符合齐普夫频率分布(Zipf,1935)的构式最适合语言学习,Ellis 和 Ferreira-Junior(2009a)考察了构式频率、形式、功能和原型效应对二语学习者习得英语 VAC 发展的影响。研究素材来自于欧洲科学基金会(ESF)项目,包含了成年移民的 5 种目标二语中的自发口语产出素材,这些人居住在欧洲 5 个不同国家,具有6个不同母语背景，口语产出的采集时间是约30个月内，每隔4~6周收集一次。该语料库的CHAT格式可以在TalkBank中查询到（MacWhinney，2000，2007）。分析中使用的具体数据集由7名生活在英国的英语二语学习者（4名意大利语母语者和3名旁遮普语母语者）与母语为英语的会话伙伴之间的234次对话构成。会话环节包含自由交谈、访谈、角色扮演和图片描述等一系列任务。英语母语者产出的数据用来代表英语二语学习者的自然输入（naturalistic input）。

他们使用多种CLAN工具分离出英语学习者和母语者的口语产出，并通过初步的词性赋码识别话语中有可能是动词的词汇。然后，一名研究者分析了405个潜在的动词形式，以确定其包含以下三种VAC的例子，即动词处所构式（verb locative，VL，例如，"come out of my house"）、动词宾语处所构式（verb object locative，VOL，例如，"put it inside the cup"）和双宾语构式（ditransitive，VOO，例如，"give me some money"）。识别出的构式由一位母语为英语的编码员检查其准确性。英语母语者在VL中产出了900个动词形符（33个类符），在VOL中产出了303个形符（33个类符），在VOO中产出了139个形符（12个类符）；英语二语学习者在VL中产出了436个形符（39个类符），在VOL中产出了224个形符（24个类符），在VOO中产出了36个形符（9个类符）。

他们发现，在每一个VAC中，母语英语者产出的范例形符占比很大（go占VL形符的42%，put占VOL形符的35%，give占VOO形符的53%），而在英语二语学习者中这一比例则更大——go占VL形符的53%，put占VOL形符的68%，give占VOO形符的64%。此结果证实了英语母语者和英语二语学习者所产出构式的类符/形符分布均符合齐普夫定律。很显然，对于英语母语者和英语二语学习者来说，一个构式中的类符越少，范例类符的形符所占的比例就越大，这说明"齐普夫定律对学习的普遍意义"（Ellis & Ferreira-Junior，2009a：373）。

在学习者数据和母语者数据中3个构式中动词类型的排序基本相同；学习者3个构式的词目使用频率与英语母语者的词目使用频率也存在显著强相关（VL为.97，VOL为.89，VOO为.93，p<.001），这表明，学习者对动词的使用与相对输入频率一致。以不同动词类符的累积频率为学习时间（以月为单位）的函数分析表明，学习者经历了从最初几个月中每个构式中较少的动词类符到之后更多类符的发展过程。很显然，每个构式都有一个范例，并引导其发展（在VL构式中为go，在VOL构式中为put，在VOO构式中为give）。对所有3个构式进行的方差分析证实了这一结果，表明动词类符的使用明显受到被试和时间的影响。例如，在VOO中，所有学习者give的使用频率在整个学习周期的4个阶段中都显著高于其他动词。分析英语二语学习者在每个构式中使用最频繁的动词类符，发现VL构式的233个"go"形符中的17个、VOL构式的152个"put"形符中的8个是在母语者启动后出现，这表明虽然不是大部分，但交互启动（interactional priming）（见第

3.4 节)占了学习者使用的相当一部分语言使用。

研究者还从 5 名母语为英语的志愿者处获得了对该数据集中用于构式的 80 个动词类符的原型效应评价。志愿者根据一套描述了 3 个 VAC 核心意义的说明,在九级量表上对每个动词的核心意义程度进行评分,使用 Cronbach's alpha 系数,获得 3 个构式的评分员之间的可信度(interrater reliabilities)为.86~.91。动词的原型效应评价与学习者使用的对数频率(log frequency)之间存在显著正相关(VL 为.44,VOL 为.29,VOO 为.34;p<.001)。然而,并非每个构式中原型度最高的动词的使用频率也最高,如 go 在 VL 中使用最多且在原型效应评价中有较高等级(7.4);但 VL 中的其他 10 个动词的原型效应评价等级更高,分别为 walk、move、run、travel、here、drive、arrival、hop、return 和 fall。研究者认为这些动词具有较高的原型效应评价等级是因为它们的语义比较明确,比较符合处所变化图式;又因其特定的语义要求限制了普遍使用,故出现频率较低。因此,这些结果证实了英语二语学习者在不同 VAC 中使用动词的频率与构式意义的原型效应相关,但这种相关性受到动词语义的普遍性或特殊性的制约。

在一项后续研究中,Ellis 和 Ferreira-Junior(2009b)使用相同的数据集考察了关联性效应对英语二语学习者在 VAC 中习得动词岛(verb islands)的影响①。他们使用显著共现词位分析(distinctive collexme analysis)(Gries & Stefanowitsch, 2004;见第 3.4 节的讨论)、delta P VAC 和动词及 delta P 动词和 VAC 来测量关联性。研究结果表明,对于这 3 个构式,学习者的动词使用频率与共现词位强度(collexeme strength)(VL 为.96,VOL 和 VOO 为.97)与 delta P VAC 和动词有很强的相关性(VL 为.95,VOL 为.89,VOO 为.93),而 delta P 动词和 VAC 的相关性较弱(VL 为.26,VOL 为.18,VOO 为.75)。这些结果支持了一个假设,即学习者更早地习得与输入中的每个构式显著相关的动词。

Ellis 和 Ferreira-Junior(2009b)进一步扩展了 VAC 中动词岛的分析,考察频率、频率分布、原型效应和关联性对英语二语学习者习得 VL(即主语、介词、方位)、VOL(即主语、宾语、介词、方位)和 VOO(即主语、宾语 1、宾语 2)构式中非动词岛的影响(2009b)。许多与 VAC 中动词岛相关的发现被复制到非动词岛中。在输入和学习者产出中,占据所有非动词岛的类符的频率分布也符合齐普夫分布。学习者在每个构式中较早地习得了每个岛中出现的更高频类符;每个岛中没有单一的样本占主导,但在输入和学习者产出中,排名前 5~10 的类符存在高度重合。与动词岛情况相同,学习者较早习得的构式中每个非动词岛中的类符都具有

① 根据 Tomsallo(1992)提出的"动词岛假说"(Verb Island Hypothesis),儿童在最初学习语言时,没有所谓现成的规则可以依靠,只有一个个"孤立"的词汇,其中的动词都是具体(specific)语义的,儿童从"Boy hits."和"Girl hits."中抽象出"hit"动词之前的是"打击者(hitter)"。在 Ellis 和 Ferreira-Junior(2009a/b)研究中,构式(X causes Y to move $Z_{path/loc}$ [Subj V Obj $Obl_{path/loc}$])类似由不同岛屿构成的一个群岛,其中的动词岛 move 起构成构式和理解构式的关键作用。

原型性和通用性特征。除经常被代词占据的主语词位(subject slot)外,每个非动词岛中最先习得的类符也往往与该构式有更明显的关联。

Ellis 和 Ferreira-Junior 的两项研究(2009a、b)提供了关于频率、频率分布、原型效应、语义共性(semantic generality)和关联性对二语学习者 VAC 发展影响的重要发现。从他们的研究结果中可得出如下结论:二语学习者 VAC 的发展可通过这些构式岛中占据者(occupants)的齐普夫式类符/形符频率分布来优化,具有更多的通用范例(generic exemplars),这些范例通常在较早习得的构式中更频繁地出现,有更强的原型性,与其更具强相关性。同时,Ellis 和 Ferreira-Junior(2009b)发现这些因素之间存在很强的正相关性,并建议使用计算机模拟来研究它们独立和共同影响。Ellis 和 Larsen-Freeman(2009)提出了两个联结主义计算模型(connectionist computational models)来研究这些因素在三类 VAC 模拟涌现(emergence)中的动态交互。在此类研究中,取自英语母语者输入数据所获得的频率信息被用作模型的输入信息,本节将不深入讨论模拟实验的细节,因其本身不直接涉及语料库分析。但仍值得一提的是,在英语二语学习者中观察到的 VAC 涌现顺序在模拟中得到了复现,各个因素也在此发挥了相同的作用。研究者将其留给未来的模拟研究,以梳理出每个个体因素的独特影响。

Collins 等(2009)的研究目标也是关键输入因素对二语发展的影响。该研究从形式的类符和形符分布、词汇特点和感知突显度(perceptual salience)方面比较了较早且容易习得的构式(即进行体)和两个较难习得的构式(即一般过去时和所有格限定词 his/her)的不透明度(opacity profile)。研究者并未通过分析纵向学习者语料库来考察二语学习者在这些构式上的发展,而是借鉴了先前纵向研究的习得发现,即进行体出现较早且更易习得,而一般过去时和所有格限定词 his/her 出现较晚,更难习得(例如,Bardovi-Harlig,2000)。研究者使用了一个 110 000 词次(超过 40 小时)的听力教学输入转录语料库,纵向语料库收集自加拿大魁北克省的 3 个六年级二语英语强化课程。在 400 小时的课程中,数据以 100 小时为间隔记录 4 次。只有 3 位英语母语教师的课堂话语被用于该研究的数据分析。

研究者从 3 个方面对语料进行了分析。首先考察了 3 个构式的形式相对于其他相关形式的形符和类符分布。两个目标所有格限定词 his 和 her 分别占语料中所有格限定词的 6%和 3%(2 398 词中分别有 150 个和 79 个);一般过去时和进行体动词分别占语料中限定动词的 9%和 5%(15 130 词中分别有 1 413 个和 693 个)。这些分布情况并不表明 3 种结构中的任何一种可以容易地单独从输入中习得。

其次,研究者分析了以上构式形式所属词语的词汇属性,即动词和 his/her 的搭配词的词频概貌和词汇体概貌(lexical aspect profiles)。词频概貌情况显示,98%的不规则过去时动词类符属于英语前 1 000 个最常用的词族,仅有 58%的规则过去时动词类符属于这个范围,其中只有 4 个动词重复了 8 次或以上。同时,

70%左右的进行时动词(progressive marked verbs)属于此范畴,其中有26个重复了8次或以上。就词汇体(lexical aspect)概貌而言,一般过去时中72%的动词类符为有界动词(telic verbs),而进行体中59%的动词类符为动作动词(activity words)。这些结果表明,规则变化的一般过去时使用频率相对较低,且主要限于有界动词,而出现在进行时中的高频动词更多,且不太受限于单一类别。对物主限定词his/her的233个名词搭配词的分析发现,这些搭配词形符可分为4种语义类别:无生命(inanimate)(53%)、有生命同质(animate kin-same)(14%)、有生命异质(kin-different)(14%)和身体部位(19%)。有生命的"同质"和"异质"是指物主限定词的语法性别与名词所指的自然性别匹配(如his father)或不匹配(如his mother)的情况。研究者认为,对于法语国家的英语二语学习者来说,提供最丰富信息的学习语境是数量较小的有生命异质词汇集(lexical set),其中31个形符中的15个由一个类符(即his wife)组成。总体而言,研究者认为词汇分析的结果表明进行体在语义上比一般过去时和物主限定词受到的限制小,并认为"基于频率的词法因素也许的确可以区分难易不同的构式"(Collins等,2009:345)。

最后,研究者还考察了以上这些构式形式的语音环境,以确定它们的语音和感知突显度。一名受过语音训练的评价者被要求聆听3个构式的所有形符,将它们在即时语音语境中进行转录,并记录带有其他重点(重音、重复、停顿)的实例。结果表明,所有进行体标记(progressive markers)都发生在语音显著的环境中,而80%以上的两个物主限定词和规则过去时(regular past)中都出现在难以感知的语音环境中,其中75%的规则过去时出现在受其之后语音修饰的语境中。

研究者得出的结论是以下3个输入因素(input factors)可靠地区分了较先和较后习得的构式:类型频率(即his/her的屈折动词和名词性搭配词的总体频率)、语义范围(即名词或动词的语义类别以及构式在这些类别中的分布情况)和感知突显度。这些因素共同发挥作用,"使得进行体比一般过去时或者物主限定词his/her在语言中更易使用和感知"(Collins等,2009:347)。

Collins等(2009)的研究虽然没有探讨二语纵向发展轨迹,但该研究在Ellis和Ferreira-Junior(2009a、b)的研究之外对其他输入因素的影响提供了重要发现,证明了"形式的语音、形态-句法和词汇语义属性的综合视角"在听力输入中发挥的作用。该研究与Ellis和Ferreira-Junior(2009a、b)的研究共同强调了有必要在教学与自然环境中考察学习者实际接触到的输入。

Zdorenko和Paradis(2008)探讨了母语迁移在儿童ESL学习者冠词发展中的作用。该研究素材是由来自加拿大埃德蒙顿新移民家庭的17名ESL儿童所写记叙文组成的纵向语料库。在为期两年的时间里,他们对这些儿童进行了5次研究(每6个月一次)。研究开始时,被试的平均年龄为5岁4个月,接触英语的平均时间为9个月。将17名儿童分为母语[+冠词]组(3人母语为阿拉伯语,1人母语为罗马尼亚语,3 人母语为西班牙语,共 7 人)和母语[-冠词]组(1 人母语为日语,1 人母语为韩语,8 人母语为普通话和/或粤语,共 10 人)。研究者使用了两个绘本,每本含 3 个系列的线条画,以此来启发儿童的语言产出。在每个数据收集点,研究者要求每个儿童看一组图片并讲述一个故事,将这些叙述录制下来并以 CHAT 格式进行转录(MacWhinney,2000)。

研究内容为单数普通名词前的 a、the 和 Ø(零冠词)的使用实例,这些名词是每本绘本中的 4 个有生命的人物和 3 个对故事情节至关重要的物体。冠词在不定语境下(indefinite contexts)的编码为"正确的 a""不正确的 the"或"零冠词",在有定语境下(definite[①] contexts)的编码为"正确 the""不正确 a"或"零冠词"。以母语背景([+冠词]和[-冠词])为被试间因素,以轮次(round)(5 个时间点)和冠词类型(定冠词和不定冠词)为被试内因素的三因方差分析显示,轮次和冠词类型的主效应显著,而母语背景的主效应不显著。儿童的冠词使用随着时间的推移变得更加精准,并且对定冠词的使用比对不定冠词的使用更加准确。方差分析也揭示了 3 个因素的交互作用的显著影响。然而,事后比较(post hoc comparisons)仅在一个两两比较(pairwise comparison)中显示出显著差异:在第一个时间点[-冠词]组的定冠词准确性低于[+冠词]组。就错误类型而言,两个母语组都以误用 the 为主要错误类型;零冠词错误仅在[-冠词]组中发现,但在第二个时间点后消失。独立样本 t 检验证实,母语组之间不同错误类型比例的唯一显著差异是在定指和不定指语境下的零冠词使用,其中[-冠词]组显示了更高的错误比例。

这些研究的结论是,母语背景总体而言对儿童 ESL 学习者的发展模式和冠词习得率的影响非常有限,而对冠词类型则具有更强的影响。将此研究结果与之前关于成年人二语学习者冠词习得的研究结果进行比较(Ionin 等,2008),他们进一步得出结论:即使是[-冠词]组的儿童 ESL 学习者也比成年人二语学习者更快地接近目标系统,这表明母语背景对儿童和成年人二语学习者冠词习得具有不同的影响。

本节最后将回顾 Ivaska(2015)的一项研究,该研究是为数不多的使用纵向学习者语料库来探讨二语学习者英语以外的二语构式发展轨迹的研究之一。具体而言,研究者从基于使用的视角追踪了二语芬兰语写作纵向语料库中表现出明显频率变化的形态。除了研究二语芬兰语外,该研究的另一个独特之处是使用了数据驱动的研究方法,因为目标构式不是在研究之前选择的,而是允许其从学习者数据中产生的。研究中使用的数据来源于芬兰高级学习者语料库(Corpus of Advanced Learner Finnish)(Ivaska,2014),该语料库由 37 名来自 12 个母语背景的高级芬兰语二语学习者在芬兰某大学攻读硕士学位的前 16 个月内撰写的 196 篇论文(86 372 个形符)组成。研究使用的是学习者用于考试的手写文章,内容为展

① 此处原书有误,原文为"indefinite",应该为"definite",译文对此进行了修改。

示从讲座和/或阅读中获得的一系列话题的知识,如文化、文学、形态-句法和社会语言学等。参考数据来自由101名芬兰语母语者撰写的101个文本(58 333个形符)组成的非纵向语料库。母语者文章的话题变化较少,包含了二语语料库中的3个话题,即语言习得、语言政策和语义学。

在第一步分析中,研究者从学习者语料库中提取了形态一元(1-word)、非连续二元(2-word skip-grams)和非连续三元(3-word skip-grams)的频率。每个一元形态包含与单个印刷体单词相关的所有形态标签(如用一元<pl nom>代表lapset"children",表示复数主格形式)。由于二元和三元无须连续出现,只需在从句中以相同的顺序出现,允许词序变化。一个含有4个不同词的从句由4个不同形态的一元(即A、B、C、D,按此顺序)表示,从而产出6个形态的二元(即AB、AC、AD、BC、BD、CD)和3个形态的三元(即ABC、ABD、BCD)。接下来,研究者使用随机森林算法(random forest algorithm)(Breiman,2001),以学习者完成的第一篇文章以来的月份数作为响应变量,根据其频率预测二语数据的纵向变化程度将最频繁的100个形态非连续多元词(morphological skip-grams)进行排名。在这一步骤中,指示性单数第三人称动词的过去时形式是纵向变化的最佳预测指标。为了确保观察到的纵向变化不是由话题或学习者个体间差异导致的,研究者使用随机森林算法来确认时间的确是在时间、话题和学习者这三者中该特征频率的最佳预测因子。在16个月期间,二语学习者随着增加使用现在时态而减少使用过去时态,逐渐接近母语者的参考数据。为确定这种变化是否由某些特定的构式或语义域(semantic domains)引起的,研究者使用随机森林算法研究了19个共现特征或情境变量对纵向变化的预测力。在此过程中,人称标记(person marking)和主要动词的词目表现为最佳预测项。显著共现词位分析确定了特定的人称标记和主要动词词目,这些标记和词目与观察期的前5个月和后5个月显著相关,或者从前5个月到后5个月成比例地增加或减少。二语学习者对单数第三人称和被动形式的使用随时间的推移而减少,与母语者的参考数据趋于接近。然而,在观察期结束时,单数第一人称和复数第三人称的使用仍与母语者参照数据存在差异。对二语学习者随时间变化形态的使用情况的定性分析表明,"过去时等叙事特征的减少"可能是由于他们越来越熟悉芬兰语学术考试答题体裁的预期语言行为,从而反映出他们"正在成为相关话语共同体(discourse community)的成员"(Ivaska,2015:233)。

Ivaska(2015)的研究展示了数据驱动方法的潜力,该方法可以在未预先假设的情况下检测出显著的发展变化,因此二语发展研究常采用此方法。这种方法可能对在揭示高水平二语学习者过程中的变化或观察期较短时尤为有效,因为假设的变化可能在这些学习者中或观察期内并未明确出现。研究者将观察到的持续变化与二语学习者对特定的、新的语体风格(register)和体裁的熟悉程度和逐渐提高的能力联系起来,是一种高度可信的研究方法。研究者同时讨论了两个方法论的局限性,即数据在整个观察期分布的不均衡性,以及用于引发学习者写作的不同话题。这一讨论再次反映常遇到的问题:二语发展研究中使用纵向学习者语料库时的语料库设计和任务效应。

4.6 二语立场的发展

Crosthwaite 和 Jiang(2017)的研究利用中国香港一个为期一学期的 EAP 课程探讨了二语立场(stance)特征(如缓和语、增强语、态度标记和自我提及语)的纵向发展。本研究的被试为 87 名中国香港某大学大一本科生(18~19 岁),他们参加了为期 14 周的 EAP 课程的 5 个不同部分。所有学生的母语均为粤语或普通话,二语水平为中上水平(雅思成绩从 6.5 分到 8 分不等,平均分为 7 分)。研究者在 3 个数据点(DP,即第 1、10、14 周)进行数据采集,在每个数据点,被试可以选择写一篇学术报告(如关于校园的可持续发展)或一篇论文(如关于中国香港是否应该恢复死刑),但在数据点 1 和数据点 2,他们必须以两种不同的体裁完成写作。研究者指出,两种体裁具有相似的社会功能,EAP 课程材料强调这两种体裁之间的结构差异,学生在两种体裁中都有动机发展和支持他们的写作立场。立场特征(即缓和语、增强语、态度标记和自我提及语)涵盖了课程中的各个方面,构成了课程标准化评估量规(standardized assessment rubric)的重要组成部分。

研究者将写作样本转换为纯文本文件,然后使用 UAM CorpusTool(版本 3.3h, O' Donnell,2008)将其转换为可检索的语料库,使用 Hyland(2005)的缓和语、增强语、自我提及语和态度标记列表对样本立场特征进行标注。此后,两名英语母语者检查了每个数据点的 10 篇论文和 10 篇报告(共 60 篇文章),以评估标注的适切性。组内相关系数(Intraclass Correlation Coefficient, ICC)测量的评分者一致性(rater agreement)达到 0.738,说明系数质量良好(Fleiss, 1981)。在 UAM CorpusTool 中,每个文本中标注项的原始频率按每千词进行归一化处理后以供进一步分析。

数据显示,在 3 个数据点中,缓和语的使用有所增加,而增强语、态度标记及自我提及语的使用有所减少。研究者为每个特征建立了一个单独的混合效应线性回归模型,使用每个文本中该特征的归一化频率的标准化 z 值作为因变量,数据点和任务类型作为固定效应,被试的人口统计学信息(专业、母语背景、中学阶段的教学语言、英语和汉语以外的其他语言、在国外生活时间)作为交叉随机效应(以数据点为重复测量变量)。研究者认为数据点反映了教学所带来的影响,是所有 4 个特征的显著预测因子。Bonferroni 校正的两两比较显示,缓和语从数据点 1 到数据点 2 显著增加,而其他 3 个特征从数据点 1 到数据点 3 均显著减少;从数据点 2 到数据点 3,态度标记也显著减少。任务类型是缓和语、增强语和自我提及语的显著预测因子,其与数据点的交互作用对缓和语和增强语有显著影响。对 3 个数据点中立场特征在两种任务类型中分布的追踪分析表明,立场特征在论文中的使用具有显著的纵向影响,其使用频率和多样性均高于在报告中的使用。特别需要指出的是,在数据点 3 的文章中,诸如 indeed、believe 和 obvious 等增强语非常普遍,但随着时间的推移,在论文前言中的自我提及语大幅度减少。没有任何一个学习者变量成为显著的协方差预测因子。使用对数似然比检验比较特定词语在不同数据点上的频数,发现表达所有 4 个立场特征的具体词汇都有纵向变化。例如,对于缓和语而言,在数据点 1 时 claim/claimed 的使用更为频繁,而在数据点 2 和数据点 3 时,usually 的使用更为频繁。总体而言,研究者认为,相较于在数据点 1 时,学习者在数据点 2 和数据点 3 时的语言表达更符合学术语篇的惯例。研究者同时指出,可能因为缓和语使用频率的增加,评分员对学习者从数据点 2 到数据点 3 的表现给出了更高的评分等级。

这项基于课程的短期纵向研究旨在揭示学术英语教学有助于二语学习者 EAP 写作中使用更符合语域的学术立场表达。研究结果强调了教师向 EAP 学习者系统地解释 EAP 写作中立场标记语的交际和修辞效果的重要性。研究者提及了一些具体的设计不足,主要是这 3 个数据点收集写作样本的可比性问题(如数据点 1 没有分级,数据点 3 为限时写作,允许篇幅较长)。除了更细致地关注这些研究设计问题外,未来的研究可以整合来自每个数据点的学习者反馈以补充纯文本分析的结果,分析随着时间的推移,EAP 学习者对立场标记语的使用是否以及如何变得更加适切和有效(Lu 等,2021),并探讨随着学习者在 EAP 写作教学及其学科领域中获得更充分的接触和练习之后,他们的立场表达如何发展。

4.7　本章小结

本章回顾了大量研究,这些研究采用纵向学习者语料库考察了二语各个方面的发展轨迹,包括 CAF、产出性词汇知识、短语能力、语法和形态-句法构式以及学术写作中的立场特征。其中一些研究利用现有的纵向学习者语料库中的标注信息,探讨了不同学习者和任务变量与二语学习时长的交互作用是否以及如何影响发展轨迹。另一些研究则使用纵向母语语料库或大规模同步母语参照语料库来考察各种输入和语言因素对二语发展的影响。总体而言,通过短期(14、15 周或 6 个月)、中期(1 年)或长期(2 到 3 年)的观察,这些研究为不同方面二语发展的研究范围和方向提供了极为有价值的借鉴,未来可以从多个理论意义和教学应用价值角度来拓展这方面的研究,包括很多未受到重视和未得到充分研究的构念、构式、语言能力、二语语种、学习者群体和任务变量。这些研究也反映出一些方法论问题,特别是如何选择代表母语输入的母语参照语料库,如何在纵向研究中在教学上采取可行的方法控制主题效应和重复效应;为了观察到显著的语言发展,如何规划纵向二语语料库的规模、范围、数据采集密度和观察持续时间;以及如何系统地测量多维语言构念及其子系统。开辟新的研究领域需要进一步有前景的研究方法,其中包括继续努力建立更大规模、更长观察时间、更丰富的学习者和任务变量的多语种二语纵向学习者语料库;进一步发展数据驱动方法,用以动态识别和追踪纵向二语语料库中显著发展的语言特征和构式;系统、严格地收集母语输入语料库,最大限度地反映纵向二语语料库代表的二语学习者所获得的,来自课堂教学、附带学习和/或自然交互语境的各种不同输入。

参 考 文 献

Alexopoulou, T., Geertzen, J., Korhonen, A., & Meurers, D. (2015). Exploring big educational learner corpora for SLA research: Perspectives on relative clauses. *International Journal of Learner Corpus Research*, 1(1), 96–129. https://doi.org/10.1075/ijlcr.1.1.04ale.

Anthony, L. (2014). *AntConc* [Computer software]. Tokyo, Japan: Waseda University. http://www.laurenceanthony.net/software.

Baayen, R. H., Piepenbrock, R., & Gulikers, L. (1995). *The CELEX lexical database* (*release* 2) [*CD*]. Philadelphia: University of Pennsylvania, Linguistic Data Consortium.

Bardovi-Harlig, K. (2000). *Tense and aspect in second language acquisition: Form, meaning, and use*. Malden: Blackwell.

Bates, D., Machler, M., Bolker, B., & Walker, S. (2015). Fitting linear mixed-effects models using lme4. *Journal of Statistical Software*, 67(1), 1–48. https://doi.org/10.18637/jss.v067.i01.

Bestgen, Y., & Granger, S. (2014). Quantifying the development of phraseological competence in L2 English writing: An automated approach. *Journal of Second Language Writing*, 26, 28–41. https://doi.org/10.1016/j.jslw.2014.09.004.

Bestgen, Y., & Granger, S. (2018). Tracking L2 writers' phraseological development using collgrams: Evidence from a longitudinal EFL corpus. In S. Hoffmann, A. Sand, S. Arndt-Lappe, & L. M. Dillmann. (Eds.), *Corpora and lexis* (pp. 277–301). Leiden/Boston: Brill. https://doi.org/10.1163/9789004361133_011.

Biber, D., & Gray, B. (2011). Grammatical change in the noun phrase: The influence of written language use. *English Language and Linguistics*, 15(2), 223–250.

https://doi.org/10.1017/S1360674311000025.

Biber, D., Gray, B., & Poonpon, K. (2011). Should we use characteristics of conversation to measure grammatical complexity in L2 writing development? *TESOL Quarterly*, 45(1), 5–35. https://doi.org/10.5054/tq.2011.244483.

Biber, D., Johansson, S., Leech, G., Conrad, S., & Finegan, E. (1999). *Longman grammar of spoken and written English*. Harlow: Longman.

Birdsong, D., & Molis, M. (2001). On the evidence for maturational constraints in second language acquisition. *Journal of Memory and Language*, 44(2), 235–249. https://doi.org/10.1006/jmla.2000.2750.

Blanchard, D. Tetreault, J., Higgins, D., Cahill, A., & Chodorow, M. (2013). TOEFL11: A corpus of nonnative English. *ETS Research Report Series*, 2013(2), 1–15. https://doi.org/10.1002/j.2333-8504.2013.tb02331.x.

Breiman, L. (2001). Random forests. *Machine Learning*, 45(1), 5–32. https://doi.org/10.1023/A:1010933404324.

Broeder, P. (1995). Acquisition of pronominal reference: A longitudinal perspective. *Second Language Research*, 11(2), 178–191. https://doi.org/10.1177%2F026765839501100208.

Bulté, B., Housen, A., Pierrard, M., & Van Daele, S. (2008). Investigating lexical proficiency development over time—the case of Dutch-speaking learners of French in Brussels. *Journal of French Language Studies*, 18(3), 277–298. https://doi.org/10.1017/S0959269508003451.

Burnard, L. (Ed.). (2007). *Reference guide for the British National Corpus* (XML ed.). Oxford: Oxford University Computing Services. http://www.natcorp.ox.ac.uk/docs/URG/.

Cobb, T. (2002). *Web VocabProfiler*. Available at https://www.lextutor.ca/vp/eng/.

Collins, L., Trofimovich, P., White, J., Cardoso, W., & Horst, M. (2009). Some input on the easy/difficult grammar question: An empirical study. *The Modern Language Journal*, 93(3), 336–353. https://doi.org/10.1111/j.1540-4781.2009.00894.x.

Crossley, S. A., & Salsbury, T. (2011). The development of lexical bundle accuracy and production in English second language speakers. *International Review of Applied Linguistics in Language Teaching*, 49(1), 1–26. https://doi.org/10.1515/iral.2011.001.

Crossley, S. A., & Skalicky, S. (2019). Examining lexical development in second language learners: An approximate replication of Salsbury, Crossley & McNamara (2011). *Language Teaching*, 52(3), 385–405. https://doi.org/10.

1017/S0261444817000362.

Crossley, S. A., Salsbury, T., Titak, A., & McNamara, D. S. (2014). Frequency effects and second language lexical acquisition: Word types, word tokens, and word production. *International Journal of Corpus Linguistics*, 19(3), 301–322. https://doi.org/10.1075/ijcl.19.3.01cro.

Crossley, S. A., Skalicky, S., Kyle, K., & Monteiro, K. (2019). Absolute frequency effects in second language lexical acquisition. *Studies in Second Language Acquisition*, 41(4), 721–744. https://doi.org/10.1017/S0272263118000268.

Crosthwaite, P., & Jiang, K. (2017). Does EAP affect written L2 academic stance? A longitudinal learner corpus study. *System*, 69, 92–107. https://doi.org/10.1016/j.system.2017.06.010.

Daudaravičius, V., & Marcinkevičiene, R. (2004). Gravity counts for the boundaries of collocations. *International Journal of Corpus Linguistics*, 9(2), 321–348. https://doi.org/10.1075/ijcl.9.2.08dau.

Davies, M. (2009). The 385 + million word Corpus of Contemporary American English (1990–2008+): Design, architecture, and linguistic insights. *International Journal of Corpus Linguistics*, 14(2), 159–190. https://doi.org/10.1075/ijcl.14.2.02dav.

De Clercq, B., & Housen, A. (2019). The development of morphological complexity: A cross-linguistic study of L2 French and English. *Second Language Research*, 35(1), 71–97. https://doi.org/10.1177/0267658316674506.

DeKeyser, R. M. (2000). The robustness of critical period effects in second language acquisition. *Studies in Second Language Acquisition*, 22(4), 499–533. https://doi.org/10.1017/S0272263100004022.

Du Bois, J. W., Chafe, W. L., Meyer, C., & Thompson, S. A., Englebretson, R., & Martey, N. (2000–2005). *Santa Barbara corpus of spoken American English, parts* 1–4. Philadelphia: Linguistic Data Consortium.

Dugast, D. (1979). *Vocabulaire et stylistique. I Théâtre et dialogue* [*Vocabulary and style. Vol.* 1 *Theatre and dialogue*]. Geneva, Switzerland: Slatkine–Champion.

Ellis, N. C. (2002). Frequency effects in language processing: A review with implications for theories of implicit and explicit language acquisition. *Studies in Second Language Acquisition*, 24(2), 143–188. https://doi.org/10.1017/ S0272263102002024.

Ellis, N. C., & Ferreira–Junior, F. (2009a). Construction learning as a function of frequency, frequency distribution, and function. *The Modern Language Journal*, 93(3), 370–385. https://doi.org/10.1111/j.1540–4781.2009.00896.x.

Ellis, N. C., & Ferreira-Junior, F. (2009b). Constructions and their acquisition: Islands and the distinctiveness of their occupancy. *Annual Review of Cognitive Linguistics*, 7, 187-220. https://doi.org/10.1075/arcl.7.08ell.

Ellis, N. C., & Larsen-Freeman, D. (2009). Constructing a second language: Analyses and computational simulations of the emergence of linguistic constructions from usage. *Language Learning*, 59(S1), 90-125. https://doi.org/10.1111/j.1467-9922.2009.00537.x.

Eskildsen, S. W. (2009). Constructing another language: Usage-based linguistics in second language acquisition. *Applied Linguistics*, 30(3), 335-357. https://doi.org/10.1093/applin/amn037.

Fleiss, J. (1981). *Statistical methods for rates and proportions* (2nd ed.). New York: Wiley.

Goldberg, A. E. (2006). *Constructions at work: The nature of generalization in language*. Oxford: Oxford University Press.

Graesser, A. C., McNamara, D. S., Louwerse, M. M., & Cai, Z. (2004). Coh-Metrix: Analysis of text on cohesion and language. *Behavior Research Methods, Instruments, & Computers*, 36(2), 193-202. https://doi.org/10.3758/BF03195564.

Gries, S. T. & Stefanowitsch, A. (2004). Extending collostructional analysis: A corpus-based perspective on 'alternations'. *International Journal of Corpus Linguistics*, 9(1), 97-129. https://doi.org/10.1075/ijcl.9.1.06gri.

Guiraud, P. L. (Ed.) (1960). *Problèmes et méthodes de la statistique linguistique* [*Problems and methods of statistical linguistics*]. Dordrecht: D. Reidel.

Hyland, K. (2005). *Metadiscourse*. New York: Wiley.

Ionin, T., Zubizarreta, M. L., & Maldonado, S. B. (2008). Sources of linguistic knowledge in the second language acquisition of English articles. *Lingua*, 118(4), 557-576. https://doi.org/10.1016/j.lingua.2006.11.012.

Ivaska, I. (2014). The corpus of advanced learner Finnish (LAS2). *Apples-Journal of Applied Language Studies*, 8(3), 21-38. https://apples.journal.fi/article/view/9787.

Ivaska, I. (2015). Longitudinal changes in academic learner Finnish: A key structure analysis. *International Journal of Learner Corpus Research*, 1(2), 210-241. https://doi.org/10.1075/ijlcr.1.2.02iva.

Kreyer, R. (2015). The Marburg corpus of intermediate learner English (MILE). In M. Callies & S. Götz (Eds.), *Learner corpora in language testing and assessment* (pp. 13-34). Amsterdam: John Benjamins. https://doi.org/10.1075/scl.70.01kre.

Kreyer, R., & Schaub, S. (2018). The development of phrasal complexity in German intermediate learners of English. *International Journal of Learner Corpus Research*, 4(1), 82–111. https://doi.org/10.1075/ijlcr.16011.kre.

Kyle, K. (2016). *Measuring syntactic development in L2 writing: Fine grained indices of syntactic complexity and usage-based indices of syntactic sophistication* [Unpublished doctoral dissertation, Georgia State University, Atlanta, GA].

Kyle, K., & Crossley, S. A. (2015). Automatically assessing lexical sophistication: Indices, tools, findings, and application. *TESOL Quarterly*, 49 (4), 757 – 786. https://doi.org/10.1002/tesq.194.

Kyle, K., Crossley, S., & Verspoor, M. (2021). Measuring longitudinal writing development using indices of syntactic complexity and sophistication. *Studies in Second Language Acquisition*, 43(4), 781–812. https://doi:10.1017/S0272263120000546.

Li, P., Eskildsen, S. W., & Cadierno, T. (2014). Tracing an L2 learner's motion constructions over time: A usage – based classroom investigation. *The Modern Language Journal*, 98(2), 612–628. https://doi.org/10.1111/modl.120910.

Lorenz, G. (1998). Overstatement in advanced learners' writing: Stylistic aspects of adjective intensification. In S. Granger (Ed.), *Learner English on computer* (pp. 53–66). London: Addison Wesley Longman.

Lu, X. (2010). Automatic analysis of syntactic complexity in second language writing. *International Journal of Corpus Linguistics*, 15(4), 474–496. https://doi.org/10.1075/ijcl.15.4.02lu.

Lu, X. (2011). A corpus–based evaluation of syntactic complexity measures as indices of college–level ESL writers' language development. *TESOL Quarterly*, 45 (1), 36–62. https://doi.org/10.5054/tq.2011.240859.

Lu, X., Casal, J. E., & Liu, Y. (2021). Towards the synergy of genre – and corpus – based approaches to academic writing research and pedagogy. *International Journal of Computer Assisted Language Learning and Teaching*, 11 (1), 59 – 71. https://doi.org/10.4018/IJCALLT.2021010104.

Lu, X., & Hu, R. (2022). Sense-aware lexical sophistication indices and their relationship to second language writing quality. *Behavior Research Methods*, 54(3), 1444–1460. https://doi.org/10.3758/s13428-021-01675-6.

MacWhinney, B. (2000). *The CHILDES project: Tools for analyzing talk*. Hillsdale: Lawrence Erlbaum Associates.

MacWhinney, B. (2007). The TalkBank project. In J. C. Beal, K. P. Corrigan, & H. L. Moisl (Eds.), *Creating and digitizing language corpora: Synchronic databases*

(Vol. 1, pp. 163–180). Houndmills, UK: Palgrave–Macmillan.

Malvern, D. D., Richards, B. J., Chipere, N. & Durán, P. (2004). *Lexical diversity and language development: Quantification and assessment*. New York: Palgrave Macmillan.

McCarthy, M. (2006). *Explorations in corpus linguistics*. New York: Cambridge University Press.

Murakami, A., & Alexopoulou, T. (2016). L1 influence on the acquisition order of English grammatical morphemes: A learner corpus study. *Studies in Second Language Acquisition*, 38(3), 365–401. https://doi.org/10.1017/S0272263115000352.

O' Donnell, M. (2008). The UAM CorpusTool: Software for corpus annotation and exploration. In *Proceedings of the XXVI Congreso de AESLA* (pp. 3–5), Almeria, Spain.

Pallotti, G. (2015). A simple view of linguistic complexity. *Second Language Research*, 31(1), 117–134. https://doi.org/10.1177/0267658314536435.

Parkinson, J., & Musgrave, J. (2014). Development of noun phrase complexity in the writing of English for Academic Purposes students. *Journal of English for Academic Purposes*, 14, 48–59. https://doi.org/10.1016/j.jeap.2013.12.001.

Porte, G. K. (2012). Introduction. In G. K. Porte (Ed.), *Replication research in applied linguistics* (pp. 1–18). Cambridge: Cambridge University Press.

Römer, U. (2019). A corpus perspective on the development of verb constructions in second language learners. *International Journal of Corpus Linguistics*, 24(3), 268–290. https://doi.org/10.1075/ijcl.00013.roe.

Roquet, H., Llopis, J., & Perez–Vidal, C. (2016). Does gender have an impact on the potential benefits learners may achieve in two contexts compared: Formal instruction and formal instruction + content and language integrated learning? *International Journal of Bilingual Education and Bilingualism*, 19(4), 370–386. https://doi.org/10.1080/13670050.2014.992389.

Salsbury, T., Crossley, S. A., & McNamara, D. S. (2011). Psycholinguistic word information in second language oral discourse. *Second Language Research*, 27(3), 343–360. https://doi.org/10.1177%2F0267658310395851.

Schepens, J., van der Slik, F. W. P., & van Hout, R. (2013). Learning complex features: A morphological account of L2 learnability. *Language Dynamics and Change*, 3(2), 218–244. https://doi.org/10.1163/22105832-13030203.

Schmid, H. (1994). Probabilistic part-of-speech tagging using decision trees. In *Proceedings of the International Conference on New Methods in Language*

Processing(pp. 44–49). Manchester, UK: University of Manchester.

Siyanova–Chanturia, A., & Spina, S. (2020). Multi–word expressions in second language writing: A large–scale longitudinal learner corpus study. *Language Learning*, 70(2), 420–463. https://doi.org/10.1111/lang.12383.

Spina, S. (2019). The development of phraseological errors in Chinese learner Italian: A longitudinal study. In A. Abel, A. Glaznieks, V. Lyding, & L. Nicolas (Eds.), *Widening the scope of learner corpus research. Selected papers from the fourth Learner Corpus Research Conference*(pp. 95–119). Louvain, Belgium: Presses Universitaires de Louvain.

Spina, S., &Siyanova–Chanturia, A. (2018). The Longitudinal Corpus of Chinese Learners of Italian (LOCCLI). Poster presented at the *13th Teaching and Language Corpora Conference*, University of Cambridge, Cambridge, UK.

Sun, K., & Lu, X. (2021). Assessing lexical psychological properties in second language production: A dynamic semantic similarity approach. *Frontiers in Psychology*, 12, 672243. https://doi.org/10.3389/fpsyg.2021.672243.

Sunderland, J. (2000). Issues of language and gender in second and foreign language education. *Language Teaching*, 33(4), 203–223. https://doi.org/10.1017/S0261444800015688.

Thewissen, J. (2013). Capturing L2 accuracy developmental patterns: Insights from an error–tagged EFL learner corpus. *The Modern Language Journal*, 97(S1), 77–101. https://doi.org/10.1111/j.1540–4781.2012.01422.x.

Van der Slik, F. W. (2010). Acquisition of Dutch as a second language. *Studies in Second Language Acquisition*, 32(3), 401–432. https://doi.org/10.1017/S0272263110000021.

Verspoor, M., & Smiskova, H. (2012). Foreign language writing development from a dynamic usage–based perspective. In R. M. Manchón (Ed.), *L2 writing development: Multiple perspectives*(pp. 17–46). Berlin: De Gruyter.

Verspoor, M., Schmid, M. S., & Xu, X. (2012). A dynamic usage based perspective on L2 writing. *Journal of Second Language Writing*, 21(3), 239–263. https://doi.org/10.1016/j.jslw.2012.03.007.

Vyatkina, N. (2016). The Kansas Developmental Learner corpus (KANDEL): A developmental corpus of learner German. *International Journal of Learner Corpus Research*, 2(1), 101–119. https://doi.org/10.1075/ijlcr.2.1.04vya.

Vyatkina, N., Hirschmann, H., & Golcher, F. (2015). Syntactic modification at early stages of L2 German writing development: A longitudinal learner corpus study. *Journal of Second Language Writing*, 29, 28–50. https://doi.org/10.1016/j.jslw.2015.06.006.

Wilson, M. (1988). MRC psycholinguistic database: Machine-usable dictionary, version 2.00. *Behavior Research Methods*, 20, 6–10. https://doi.org/10.3758/BF03202594.

Yoon, H. (2016). Association strength of verb-noun combinations in experienced NS and less experienced NNS writing: Longitudinal and cross-sectional findings. *Journal of Second Language Writing*, 34, 42–57. https://doi.org/10.1016/j.jslw.2016.11.001.

Yoon, H., & Polio, C. (2017). The linguistic development of students of English as a second language in two written genres. *TESOL Quarterly*, 51(2), 275–301. https://doi.org/10.1002/tesq.296.

Zdorenko, T., & Paradis, J. (2008). The acquisition of articles in child second language English: Fluctuation, transfer or both? *Second Language Research*, 24(2), 227–250. https://doi.org/10.1177%2F0267658307086302.

Zipf, G. K. (1935). *The psycho-biology of language: An introduction to dynamic philology*. Cambridge, MA: MIT Press.

第 5 章　二语发展的变异和差异

5.1 引　　言

第 4 章回顾了使用纵向语料库探讨二语发展的组别轨迹以及影响这种发展轨迹的输入、学习者和任务因素的研究。本章将探讨语料库语言学方法在二语发展的变异和差异研究中的应用。我们根据复杂动态系统理论(Complex Dynamic Systems Theory,CDST)研究文献(例如,Lowie & Verspoor,2015;Van Dijk 等,2011;Van Geert & Steenbeek,2005;Verspoor 等,2008)的界定来区分这两个术语:变异(variability)和差异(variation)。具体而言,学习者个体间变异(inter-learner variability)是指个体学习者之间纵向发展轨迹的差异;学习者发展中的个体内变异(intra-learner variability)是指个体学习者自身的发展轨迹在何时及何种方式发生变化;学习者个体差异(individual variation)是则是指发展过程中的某一时刻学习者之间在语言使用上的差异。这里需要说明的是,第 2 章主要讨论了母语(L1)背景等因素对二语使用差异的影响,这些因素导致了不同子组别学习者(如汉语母语与西班牙母语的英语学习者)之间的差异,本章对差异的讨论则聚焦个体层面。

本章首先概述 CDST 视角下二语习得的主要理论假设和研究内容,然后系统回顾使用该方法和其他相关方法的实证研究。这些研究融合了语料库语言学技术,探讨学习者之间和学习者内部的变异以及二语发展中的个体间差异。最后,本章讨论所回顾的研究使用的研究方法,语料库语言学方法所做出的具体贡献,以及此部分研究中存在的不足和局限性。

5.2 复杂动态系统理论(CDST)视域下的二语习得研究

CDST 实际上是将两个具有共同理论来源且彼此独立的二语习得创新理论统一起来,这两个理论分别是 Larsen-Freeman(1997)引入的二语习得领域的自然科学理论范式——复杂性理论(Complexity Theory),和 de Bot 等(2007)引入的数学动态系统理论的衍生理论——动态系统理论(Dynamic Systems Theory)。CDST属于一个元理论,为理解和概念化语言及其在复杂和动态条件下的使用与发展提供了理论支撑,包括语言(如语料库语言学和构式语法)和语言学习方面的客体理论①(object theory)(如基于使用的语言学理论和涌现论)。这些理论与上述CDST的理论原则相一致,并回答了关于语言发展过程和结果的问题(de Bot等,2013;Larsen-Freeman,2017)。CDST的研究者提出了许多关键的假设和原则,构成了语言和语言发展的复杂动态系统观基础。重要的是,语言被视为一个动态系统,在说话者的使用中动态发展,根据语言所使用的群体和语境进行调整,从而使语言使用模式自下而上地涌现(Larsen-Freeman,2006,2017;Verspoor等,2011)。语言的这种动态性和自适应性与这样的观点相吻合:语言不仅是一种认知资源,也是一种社会资源,在语境中用于社会行为(Atkinson,2014)。由于语言是一个由众多子系统构成的复杂系统,每个子系统也都是复杂且动态的,因此语言的发展不能用任何一个单一语言子系统的表现来解释,而是涉及不同子系统的相互作用(Larsen-Freeman,2006,2017;Lowie & Verspoor,2015),不存在学习者表现出一成不变的明确发展阶段,也不存在单一、固定的发展终结状态。相反,学习者的发展具有波动性和多变性,个体的发展轨迹可能大相径庭,学习者的中介语可能永远无法与目标语言完全相同(Larsen-Freeman,1997,2006,2017;Verspoor等,2008)。CDST自确立以来,已在应用研究、教育教学和理论语言学研究等广泛领域做出了重要贡献,不仅涉及语言发展、语言磨蚀和教学法(例如,Han,2021;Lowie等,2010;Schmid等,2013),还涉及语言生态、语言演化和语言政策(Bastardas-Boada,2013;Cowley,2011;Mufwene等,2017)等。

Hiver等(2021)对25年来采用CDST视角下语言学习的研究进行了全面回顾,系统地分析了158篇研究,内容涉及二语发展的实证研究、研究方法发展趋势和待改进等方面。这些研究考察了二语系统各方面的发展,为二语系统和其发展过程的动态性和复杂性提供了实证支持。特别需要指出的是,它们提供了二语发展中的动态规律、发展过程中不同要素之间的相互作用、发展轨迹的非线性特点、语境在发展中的作用、发展的涌现模式、发展中学习者之间和学习者内部的变异性以及系统自适应等方面的实质性证据。一些研究还探讨了复杂动态系统理论与其他研究范式的兼容性,并讨论了组别和个体层面分析的互补性。从研究方法来看,大多数研究是探索性的,被试大多是小样本的大学生或成年人学习者(50人或以下);约半数的研究在设计上是纵向的(相对于横向或其他方法),或者侧重于(相对于组别的)个体研究上。这些研究者指出,一些研究所采用的数据或分析方法似乎不适用于考察发展和/或与语境的联系(如横向的测试数据或非常少的

① 在哲学界,客体理论可以是一种关于客体(objects)的哲学理论,而客体可以指现实世界中的事物、实体或概念。在语言学界,客体理论可以帮助解释和分析语法结构和语义含义。

纵向数据),有些数据或分析的范围有限,或受样本选择偏差的影响,限制了结论的适用性(transferability)或普适性。

本章后两节重点回顾利用学习者语料库数据和/或语料库语言学技术探讨二语发展中的变异和差异的纵向研究。乔姆斯基研究范式(Chomsky,1965)主要关注语言能力(competence),很大程度上忽视了语言使用(performance)中的差异。在社会语言学和心理语言学视角下的二语发展研究中,研究者试图发现可能导致个体语言使用差异的语言、语境和心理因素,以揭示二语发展的不同阶段(如 Ellis,1994;Verspoor 等,2008)。最近关于组别发展趋势的二语发展研究越来越多地使用现代混合模型设计,通过将其作为随机效应来解释个体差异对发展趋势的影响。CDST 研究者认为组别发展趋势"可能不能代表组别中的任何一个个体学习者"(Lowie & Verspoor,2015:67),发展过程中某一时刻的个体差异不能等同于一个时间段内的个体变异。研究者将变异性视为语言发展过程的内在属性,强调考察变异性的重要性,需要了解发展变量间的交互作用如何随时间推移来塑造个体学习者的发展轨迹(Lowie & Verspoor,2015;van Dijk 等,2011)。

5.3 二语发展中的学习者个体间变异和个体内变异

本节将回顾一系列探讨二语发展中变异性的研究。5. 3. 1 将讨论 Larsen-Freeman(2006)的开创性研究,这项研究提出了关注二语发展中的变异性的理论基础,阐明了揭示学习者个体间变异和个体内变异对理解二语习得复杂动态性的重要性,同时还回顾了受 Larsen-Freeman(2006)启发而进行的另一项利用学习者语料库探讨二语发展中变异的范例性研究。接下来的 5. 3. 2 和 5. 3. 3 将分别重点介绍二语发展中与学习者个体间变异和个体内变异有关的学习者语料库研究方法进展和研究发现。

5.3.1 聚焦变异性:起点和进一步的研究

本节首先回顾 Larsen-Freeman(2006)的研究,她研究了 5 名 ESL 中国学习者口语和笔语产出中的 CAF。尽管该研究没有明确提及使用了学习者语料库或语料库语言学技术方法,但这里将这项研究包括进去尤为重要,因为该研究"首次尝试利用概念化架构和工具来理解二语学习中的复杂系统"(Larsen-Freeman,2006:595),此外,它还从 CDST 视角重点关注了 ESL 学习者发展中的学习者个体间和个体内变异。研究中的5名被试是年龄在27~37岁的中高级女性ESL学习者,他们在10个月的时间里每周上两个半小时课。每名学习者每月还有一次私教课,每次1小时。在前6个月,研究者要求每名被试每6周写1篇关于过去经历的记叙文(总共4次),并在每次写完文章的3天后口头讲述该故事。这两项任务都没有时间限制,也没有对学习者们的表现进行反馈。

研究采用Wolfe-Quintero等(1998)推荐的用于测量二语写作发展的4项最佳指标来计算每个样本的流利性(T单位的单词数量)、句法复杂性(T单位的从句数量)、准确性(无错误T单位的占比)和词汇复杂性[校正后的类符/形符比(corrected TTR,CTTR),即类符数除以单词形符数的2倍的平方根]。虽然在此期间整个组别所有4项指标都在不断提高,但学习者个体间和个体内却存在巨大变异。在学习者个体间变异方面,一些学习者的每项指标都会随时间的推移而上升或下降,而另一些学习者4次写作的各项指标均没有发生大的变化。为了探究学习者个体内变异,研究者将这些测量指标转换为z值,使其具有可比性。对于每个学习者来说,不仅同一指标在每个时间点上的表现不同,而且4项指标在同一时间点的表现也各不相同。研究者将这些结果解释为指向"个人表现中的'吸引子'(attractor)或偏好路径(preferred paths)"(Larsen-Freeman,2006:601),或者更具体地说,每个学习者在每个时间点和整个研究期间表现出个人注重的方面。进一步分析表明,不同学习者的各项指标在不同时间点的变化速度上下波动。研究者还对意义单位(idea units)进行了定性分析,将其定义为"由话题-评论组成,在句法或语调上与相邻单位分开的信息片段"(Ellis & Barkuizen,2005:154),以此考察叙事如何构建,以及叙事结构如何随时间变化。该分析表明,对于每个学习者来说,他们的不同语言层面,包括词汇、短语、从句、话语和语义等,都会随时间的推移而发生变化。研究者认为,一些变化可能是由社会因素造成的,而另一些变化则受到学习者二语系统的内部重组影响。

由此,Larsen-Freeman(2006)得出结论:"个体发展路径及其路径所呈现的变化,彼此之间可能存在很大差异"(P.615)。她认为,按时间发展顺序对母语背景相同和语言水平相近的被试进行研究,在方法上虽然算不上新颖,但却可以探究微观层面的细节,从而揭示语言行为的可变性、对环境的依赖性以及个体学习者的多变发展轨迹,这一点至关重要。总而言之,Larsen-Freeman(2006)使用相对简单的分析方法,得出了初步的实证研究发现,强化了关注二语发展研究中变异性的理论基础,这种变异性是二语发展这一复杂动态过程中固有的且普遍存在的属性。对于未来的研究,她提出了一种任务中观察到的发展是否在其他任务中具有普适性的问题,并认为个体学习者的宏观发展研究对揭示一个时间点的变异和行为如何影响学习者发展过程中的变异或稳定性是非常必要的,这是二语发展研究的核心问题。

受 Larsen-Freeman(2006)的理论应用和实证分析的启发,Zhang 和 Lu(2013)从 CDST 视角研究了 4 名大学水平的汉语作为外语(CFL)的中高级学习者在 30 周内汉语量词系统发展中的学习者个体间和个体内变异。这 4 名研究对象的笔语产出来源于一个更大的纵向语料库,该语料库包含美国一所大学汉语中级课程初级组和中级课程高级组 CFL 学习者所写的 657 篇作文①。作为修读中级课程高级组 30 名学习者中的一部分,4 名研究对象均于 2009 年秋季学期参加了为期 6 学期的系列课程中的第 5 学期汉语课,随后在 2010 年春季学期参加了同一系列的第 6 学期课程。4 名被试都是 20 岁出头、母语为英语、汉语为外语的学习者,他们分别代表中级课程高级组中成绩优秀、中等和较差的学习者。在 30 周的时间里,每名学习者还要在 11 个不同时间点完成所布置的 11 篇写作任务中的 10 篇。写作任务包括描述个人经历和图片、讲故事和记日记,以及对指定读物进行评论。为了减小不同写作任务和写作话题对学习者量词使用带来的潜在影响,这些作文按月份(即 9 月、10 月、11 月、12 月,下一年的 2 月和 4 月)进行分组,由此对于每个学习者均有 6 个统一的数据点。

所有作文均采用 NLPIR-ICTCLAS 中文词汇分析系统进行分词和词性赋码(http://ictclas.nlpir.org/index_e.html),然后对每篇文章中强制性语境下使用不当的量词和缺失的量词进行人工识别和手动标注。研究者们用 AntConc 3.2.2.1(Anthony,2011)对语料库自带的词性和错误赋码进行量词和量词缺失数据的提取,然后对其进行人工手动检查以剔除那些由于错误赋码而导致的误报,对每个学习者在每个数据观测点量词使用的流利性、多样性和准确性进行测量。其中流利性由每百汉字中量词的形符和类符数量来计算,多样性为量词的 TTR,准确性则计算为该学习者产出的所有量词的正确率。虽然计算了所有强制性语境下使用量词的准确率,但由于研究对象省略的量词很少,因此没有将其考虑进去。按照 Larsen-Freeman(2006)的方法,研究者们也将上述这些指标转换为 z 值,从而使其具有可比性。

这 4 名研究对象在所有 3 个维度上都表现出不同的非线性发展轨迹。例如,对于学习者 S,其量词的形符和类符频数在前 4 个月都有所增加,然而在接下来的后两个月却下降;多样性在前 3 个月下降,在接下来的两个月上升,在最后一个月再次下降;在整个研究期间,其准确性一直很高。对于学习者 J,形符频数在前 3 个月上升,随后的 3 个月却上下波动;类符频数保持稳定;多样性和准确性在整个研究期间都在来回波动。此外,4 名研究对象量词使用的流利性、多样性和准确性也各不相同。例如,学习者 S 的 3 个维度在前 3 个月共同发展;而在后 3 个月,多样性和准确性继续同步发展,但与流利性处于竞争关系。对于学习者 J 来说,在整

① 这里的“中级课程初级组和中级课程高级组”(lower intermediate 和 higher intermediate)是根据中文课程和所使用的教材划分的,详见 Zhang 和 Lu(2013)。

个研究期间,其流利性和准确性很大程度上都是同步发展的(除了12月的数据点外),并且都与多样性处于竞争关系。对4名研究对象量词的实际使用情况详细分析,进一步发现以下3个显著变异:在整个研究期间,他们的发展体现为减少了对一般性量词(ge,"个")过度泛化,倾向使用具体和抽象名词,增加了量词储备[①],并学会使用独特量词。对于每个学习者来说,学习者个体内变异在两个层面上是显而易见的:每个时间点的不同维度和每个维度的不同时间点。

研究者得出结论:4名被试在3个维度的发展轨迹具有非线性(具有不同程度的进步、波动和退步)、学习者个体间和个体内变异。进而他们认为,变异性应被视为二语发展的内在属性,在组别层面的教学中,应针对个体学习者在不同时间的新需求提供帮助。这一思路在一定程度上推动了他们继续测量和探索二语学习者发展的计算机辅助动态评价(computerized dynamic assessment)研究(例如,Poehner等,2015;Zhang & Lu,2019)。同时,他们还将扩展量词名词搭配视为4名研究对象在习得汉语量词系统时面临的共同挑战,并主张采用搭配法来讲解和教授汉语量词。该研究存在的局限性是缺乏对写作任务和话题潜在影响的控制。

本节所回顾的两项研究分别描述了学习者个体间和个体内变异性在二语英语一般性CAF指标中的发展(Larsen-Freeman,2006),及其在二语汉语特定语言子系统中CAF指标的发展(Zhang & Lu,2013)。接下来的第5.3.2节将关注有关学习者个体内变异的研究,而第5.3.3节将回顾学习者个体间变异的研究。

5.3.2　二语发展中的学习者个体内变异:研究方法和发现

Van Geert和Van Dijk(2002)在反复观察一系列时间点上的学习者个人数据后,提出了几种专门用于可视化和描述学习者个体内变异的方法,并展示了如何应用这些技术手段系统研究儿童语言习得中的学习者个体内变异。Verspoor等(2008)以及Spoelman和Verspoor(2010)随后证明了其中的一些方法以及其他用于分析二语发展中学习者个体内变异的相关技术手段是行之有效的。本节先讨论其中一项或两项研究中使用的一些关键技术,然后再转向回顾学习者个体内变异的研究发现。

第一,移动极小-极大值图可以将个体发展变量的纵向变化模式可视化。在每个时间点,某个特定发展变量的极小-极大值图绘制了该变量在预定移动窗口内的最小值和最大值。例如,在窗口测量点为5的情况下,时间点1的混合最大范围对应从时间点1到时间点5的最小值和最大值。通过这种方式,数据以数值的带宽呈现,可以直观地考察移动极小-极大值图是否随时间发生波动。第二,原始和去趋势(detrended)相关性分析可以用来检验发展变量之间的相互作用。使用

① 原文中在"量词储备"之前还有修饰语"unique",经查看原始研究,去掉了修饰语"unique"。

实际数据可以计算原始相关性。然而,由于没有考虑到局部的小幅上升或下降,变量的总体上升或下降趋势可能会导致高估其相互作用的程度。为了排除这种普遍趋势带来的影响,可以对数据进行去趋势分析。例如,Verspoor 等(2008)为此使用了线性回归,Van Geert 和 Van Dijk(2002)对不同函数去趋势发展数据的适用性进行了更详细的讨论。相关性的移动窗口(moving window of correlations)(例如,测量点为 5)也可以用来更好地揭示两个发展变量之间随时间推移的相互作用模式。第三,可通过计算渐进最大值(Progmax)和回归最小值(Regmin)来确定发展过程中可能出现的发展跳跃。渐进最大值是通过识别前 n 个(n>4)数据点(例如,前 5 个、前 6 个、前 7 个等)中的最大值来计算的,而回归最小值是通过确定后 n 个(n>4)个数据点(例如,后 5 个、后 6 个、后 7 个等)中的最小值来计算的。然后将这些值绘制在 Progmax-Regmin 图中,在这些值之间观察到的最大数据则代表可能的发展跳跃。第四,可进行蒙特卡罗模拟,以确定发展变量和发展跳跃之间的相关性是否具有统计学意义或纯属巧合,例如,可以使用 Microsoft Excel 中的 Poptools 插件进行随机抽样(Hood,2004)。关于以上和其他技术手段的更详细的操作说明,可参见 Verspoor 等(2011)的研究。

为了更好地理解二语发展的动态性,Verspoor 等(2008)展示了如何使用这些方法来描述和可视化个人纵向发展数据中的学习者个体内变异。他们在这项研究中使用的数据包为 18 个学术写作样本,由 1 名母语为荷兰语的大学高水平英语学习者历时 3 年完成。他们使用以下指标来评价词汇使用情况:平均单词长度(Average word length,WL)、TTR、学术词汇表(Academic Word List,AWL)(Coxhead,2000)的使用程度和平均句长(average sentence length,SL)。为了测量句子结构的复杂性,他们使用了两个细粒度的指标:名词短语长度(length of the noun phrase,NP)和限定性动词结构中的单词数量(number of words per finite verb,W/FV)。

研究者首先简述了变异性对学习者个体变量发展的重要性。虽然几乎所有的变量都随时间的推移而呈总体上升趋势,但这些变化都是非线性的,具有不同程度的变异。例如,学术写作样本中学术词汇的使用频数变化很大(例如,作业 1 中为 4 次,作业 5 中为 0 次,作业 10 中为 12 次)。然而,单词长度似乎更稳定地增长,平滑函数(如二次多项式)呈总体增长趋势(从每单词 4.5 个字母到 5.5 个字母)。单词长度的极小-极大值图显示前 5 个文本具有相对稳定期(窄范围),紧接着从文本 6 到文本 12 为高度变化期(宽范围),然后从文本 13 开始又进入相对稳定期。研究者认为,增大的变异是前后两个更稳定时期之间的过渡阶段。

接下来,研究者揭示了探究这些变量组合之间有意义的相互关系如何能进一步促进了解动态发展过程,特别是不同子系统如何相互作用(例如,它们可能相互促进或彼此竞争)。例如,SL 和 TTR 都有小幅度的上升趋势,但它们的变化方向往往相反。这两个变量的相关性很小(-0.3),因此不具有显著性。运用线性回归分析数据组证实了这两个变量间的竞争关系：当一个指标上升时，另一个指标下降。这两个指标之间的移动相关窗口（窗口大小为5）进一步表明，它们在初期和后期相互之间呈正相关，但在第4个时间点和第15个时间点之间彼此负相关，这期间两个指标之间的竞争关系表现为，在学术写作的该发展阶段，学习者在使用更长的句式和更多样的词汇之间进行权衡。最后，研究者阐释了用X-Y散点图绘制SL与TTR之间的关系如何为两个变量之间的相互作用提供补充视图。X-Y散点图中的每个数据点表示两个变量在特定时间点的值，通过按序列绘制数据点轨迹可显示两个变量如何随时间共同发展。如果从图表的左下角到右上角呈线性增长，将表明两个变量之间存在直接的共同增长关系，而研究者注意到了许多相反方向的对角线，实则表明两者之间存在竞争关系。在轨迹接近末尾时（从数据点14开始），变化幅度似乎有所放缓，但研究者指出，需要更多的数据来确定这是否意味着稳定过程的开始。对复杂性指标即平均句长和限定性动词结构中的平均单词数进行类似分析表明，这两者之间缺乏相互关联。尽管母语使用者经常在较长的句子中使用更复杂的结构，但高级学习者在延长句子的策略中表现出显著的变异性，并且没有可识别的模式。然而，两个复杂性指标，NP和W/FV之间呈正相关，它们的高点和低点均重合，表明它们是相互促进的变量。

Verspoor等（2008）的研究做出了两个不同的贡献。在方法上，他们展现了两种探究学习者个体内变异的方法和每种方法的分析程序，包括使用平滑函数和极小-极大值图来研究个体变量发展中的变异性，以及使用相关性分析（包括原始和去趋势相关性以及相关性的移动）、X-Y散点图来探究有意义相关的发展变量的变异性之间的相互作用。在理论上，他们丰富了学习者个体内变异的分析范式，证实了CDST的假设，即“二语发展表现出的变异性遵循动态系统的原则”（Verspoor等，2008：229）。

Spoelman和Verspoor（2010）进一步利用一些与之相同的技术手段，通过1名芬兰语二语学习者的纵向数据追踪了其词形准确性以及词汇和句法复杂性发展的动态模式。该学习者的母语为荷兰语，主修理论语言学，辅修芬兰语，从19岁才真正开始学习芬兰语，并在格罗宁根大学学习了3年。该数据由54个写作样本组成，是学习者在这3年期间有关学术话题的家庭作业。研究者从每篇文本中抽取100个单词作为样本，并将少于100个单词的文本按100个单词对其频率计数进行了归一化。样本以CHAT格式转录，并使用计算机语言分析（CLAN）软件（MacWhinney，2000）进行分析。

对于每个样本，研究者使用几项准确性和复杂性指标进行分析。鉴于芬兰语的丰富形态变化，准确性体现为格的使用，研究者计算了格的总体准确率（即正确的格数量除以格的总数）以及11个最常见的格的错误率。复杂性从词汇、名词短语和句子层面进行测量。词汇层面的复杂性采用计算含有1个语素、2个语素、3

个语素和 4 个及以上语素的单词数量,并采用以语素数量计算的平均句长和以单词数量计算的平均长度之差来计算词汇复杂率。名词短语的复杂性由含 1 个单词、2 个单词和 3 个及以上单词的名词短语的数量来计算,并用名词短语的平均单词长计算复杂率。对于句子层面的复杂性,则计算简单句、复合句(compound sentences)、复杂句和复合复杂句(compound-complex sentences)的数量,并用文本中的平均从属结构数量来计算句子复杂率。为了获得准确性和复杂性之间的相互作用,研究者将格的使用错误的发展与词汇复杂性的发展进行了比较。

极小-极大值图显示了准确性和复杂性测量指标发展模式的变化程度。就格的整体准确率而言,在早期的文本中变异程度更高,从第 11 个文本之后有所下降,并从第 28 个文本开始趋于稳定。就词汇复杂性而言,从第 7 个文本开始,含单语素和双语素的单词数量相当,同样是从第 7 个文本开始,3 个语素单词的使用也更加频繁。而 4 个或 4 个以上语素的单词则从第 52 个文本才开始频繁出现。对于名词短语的复杂性,在第 11 个文本之前两个单词的名词短语非常罕见,随着其变异程度的增加,从第 11 个文本开始,两个单词的名词短语与一个单词的名词短语互相竞争,并且从第 42 次文本开始增长更稳定。对于句子层面的复杂性,简单句(simple sentences)随时间推移而下降,并且下降幅度很大,直至第 28 个文本开始下降程度才趋于稳定;复杂句的使用频率从第 9 个文本开始增长,第 12 个文本之后增长幅度逐渐变小。复合句和复合复杂句的使用频率都很低,而后者在第 15 个文本才开始出现,从第 30 个文本开始经常出现。

使用 Progmax-Regmin 图对 4 个或 4 个以上单词的名词短语发展进行详细分析,研究发现在第 44 个和第 45 个文本之间可能存在发展跳跃,使用蒙特卡罗进行 10 000 次模拟后,显示这种跳跃具有显著性($p=.015$)。由此,研究者认为对不太常用的类别进行这样的详细分析是行之有效的。

单语素单词和双语素单词之间存在中等强度的负原始相关性($r=-0.368$)和去趋势相关性($r=-3.57$),且经过 10 000 次迭代的蒙特卡罗模拟表明,两者之间的竞争具有显著性($p=.005$)。名词短语和句子复杂性之比之间的原始相关性较弱($r=.185$),而去趋势相关性强且为负相关($r=-.451$)。蒙特卡罗模拟显示,相关性具有显著性($p=.000$),证实了两者之间的强竞争关系。尽管去趋势相关性较弱(分别为 $r=.228$ 和 $r=.226$),但词汇复杂性和句子复杂性之比($r=.605$)以及词汇和名词短语的复杂性之比之间却存在很强的原始正相关,且蒙特卡罗模拟显示出较强的趋势(两者均为 $p=.054$)。最后,对于准确性和复杂性之间的相互作用,格的准确率和词汇复杂性之间的去趋势相关性非常弱($r=-0.022$)。相关性的移动显示,负相关(文本 1~5 和文本 15~23)和正相关(文本 5~15 和文本 23 之后,个别文本除外)交替出现。蒙特卡罗模拟表明,这种模式具有随机性($p=.5704$)。

Spoelman 和 Verspoor(2010)对学习者个体内格的准确性和几个层面的复杂性

的变异性的研究发现对二语发展研究影响深远。他们的研究结果证实了二语发展的非线性本质,即准确性和复杂性发展模式的特点是进步和退步以及不同变量之间的相互复杂作用。他们认为,“学习者个体内变异遵循动态系统的原则”(Spoelman & Verspoor,2010:551),在变异期接近发展跳跃,处于两个发展阶段之间时,其变异性增强,由此进一步认为,应将对复杂性和准确性的观察置于全部发展轨迹之中,将处于竞争关系的发展变量的变异性置于个体发展轨迹之中,而不是仅仅看到学习者之间的差异。

5.3.3　二语发展中的学习者个体间变异:研究方法和发现

第5.3.2节中所回顾的两项研究证明了几种分析二语发展中学习者个体内变异方法的有效性。本节将介绍3个基于学习者语料库的二语发展中学习者个体间变异研究,并关注他们用于分析学习者个体间变异的方法,以及他们的研究结果为揭示二语发展过程带来的启示。

本书第4.4节讨论了Crossley和Salsbury(2011)对6名成年ESL学习者词块准确性发展的研究。除了组别发展趋势外,研究者在分析中还探讨了学习者个体间变异。他们的学习者数据为99份ESL学习者在一年的时间里,每两周就不同话题与英语母语者所进行的口头访谈(每个学习者有13~18份转写文本)。这些转写文本分成4个时间点,每个时间点表示一年学习四分之一的时间。研究者将词块准确性界定为学习者产出的二元单位的归一化频率计数与圣芭芭拉美国英语口语语料库(Du Bois等,2000—2005)中母语者产出频数的相关程度。为了评估学习者个体间词块准确性发展的变异性,研究者比较了这6名学习者的相关性随时间变化的增长幅度。

在个体层面,有3名学习者的词块准确性在第一季度和第四季度发展显著。换言之,随着时间的推移,这些学习者和英语母语者产出的二元单位归一化频率的相关性变得越来越强,但增长幅度各不相同,准确性起点最高的学习者表现出最小幅度的增长(.61~.81),准确性起点第二高的学习者则增长幅度最大(.48~.86),准确性发展排名第四的学习者随时间的推移表现出了一些增长,然而第一到第四季度的增长并不具有显著性(.41~.63)。还有两名学习者的准确性没有随时间的推移而增长,他们从第一到第四季度的相关性变化最小(分别为.69~.71和.27~.31)。Crossley和Salsbury(2011)还计算了6名学生的托福成绩与他们学习英语时间之间的相关性。他们发现,随着时间的推移,词块准确性有所提高的4名学习者的托福分数与英语学习时间之间存在显著的相关性,而词块准确性没有提高的两名学习者则没有这种显著的相关性。研究者主要从总体语言水平的视角解释了这种学习者个体间变异。具体而言,他们认为自己的研究结果支持了“二语学习者词块准确性随英语水平的提高而增长”的观点(Crossley &

Salsbury,2011:15),并将两名学习者词汇准确性没有增长的原因归于他们在研究期间内总体语言水平没有明显进步。

Vyatkina(2012)研究了母语为英语的德语初学者写作语言复杂性的发展,他考察了两名被试在发展途径上的差异,以及他们在横向发展趋势上的差异。该研究者从美国一所大学的德语课程中收集了一组学习者的二语德语写作样本,时间跨度为 4 个为期 16 周的学期(从 2008 年春季到 2009 年秋季)。虽然数据收集是在连续 4 个学期进行的,但这组数据被视为横向数据而非纵向数据,因为在 4 个学期中实际选取的被试有所不同。他还选择了两名具有相似语言学习背景的被试:1 名 19 岁的男性(Braden)和 1 名 30 岁出头的女性(Cassie),二人都完成了全部 4 个学期的语言学习。Braden 和 Cassie 的母语相同(美国英语),都是真正的初学者,非德语专业、勤奋的学习者。写作样本为每 3 到 5 周基于实际课程任务产出的作文(每学期 4~5 篇,共计 19 篇)。写作体裁包括前两个学期(时间点 1~10)的个人叙事,第 3 学期(时间点 11~14)的带有一些推理元素的个人叙事,第 4 学期对教科书中故事寓意的反思和解读(时间点 15~18)以及书评(时间点 19)。除了在时间点 15~18 写的文章是非限时的,其他作文都是在 50 分钟的课堂上完成的。在整个 19 个时间点上,作文数量从 16 篇到 40 篇不等,平均长度从 68 个单词到 244 个单词不等。研究使用 TreeTagger(Schmid,1994)对写作样本进行词性赋码,并采用 6 项指标从不同维度测量语言复杂性。其中,平均句长(SL)用于衡量一般复杂性;句子中限定性动词单位(FV/S)和限定性动词结构中的单词数量(W/FV)用于衡量从句复杂性;每百单词中的并列连词(CC)和从属连词(SC)的归一化频数分别用于衡量并列关系和从属关系的复杂化程度;校正后的类符/形符比(CTTR)用于测量词汇-语法多样性(lexicogrammar variety)。

研究者首先探讨了组别及每个被试个体的每项指标与发展时间之间的相关性,对于每项指标都提供了 3 个散点图,以便于进行横向与纵向比较。第 1 个散点图表示每项任务指标的组别平均值、平均值的最小二乘回归趋势线和预测平均值的 95%置信区间的两条曲线(Draper & Smith,2001)。第 2 个散点图展示了 Braden 的每项任务指标的值以及最小二乘回归趋势线和趋势线的 95%置信区间;为了便于比较,将这些数据叠加在组别趋势线上。第 3 个散点图则提供了有关 Cassie 的相同信息。

随着时间的推移,该组被试的平均句长从每句 6 个单词稳步增加到 10 个单词,两名被试的发展路径在很大程度上接近组别平均发展趋势。随着时间的推移,组别平均值和其中两名被试在句中使用的限定性动词结构的数量也在增加;然而,Braden 的增长超过了组别平均值,而 Cassie 的增长幅度大多低于组别平均值并具有更多的上下波动。组别或两名被试的限定性动词结构的平均单词数量与时间都没有显著相关性,Braden 没有明显的发展模式,而 Cassie 有递增的振荡模式。组别的每百单词中的并列连词使用频率随时间显著下降,但两名被试在该指标上没有显著变化,且他们之间也有很大差异。组别和两名被试的每百单词从属连词的使用频率与时间呈显著正相关;虽然两位被试在从属连词的使用方面差异很大,但 Braden 的发展接近组别,而 Cassie 的发展落后于组别。此外,虽然组别和两名被试的 CTTR 也与时间呈正相关,但 Braden 的该指标大多保持在组别的趋势线以下,而 Cassie 除两个时间数据点以外,其余数据点始终在组别的趋势线之上。

研究者还分析了这些指标之间的相关性。研究发现,平均句长作为一般性复杂性指标与以下 4 个具体复杂性指标显著相关:句子平均限定动词结构、每百单词中的并列连词、每百单词中的从属连词以及 CTTR。Braden 的平均句长与句子平均限定动词结构之间的相关性非常强,而与每百单词中的并列连词中等相关;Cassie 的平均句长与 CTTR 的相关性非常强,而与句子平均限定动词结构和限定动词结构的平均单词数量呈中等相关性。在所有具体的句法复杂性指标中,群组的句子平均限定动词结构、每百单词中的并列连词和每百单词中的从属连词三者相互显著相关。然而,对于这两名被试来说,只有 Braden 的句子平均限定动词结构和每百单词中的从属连词之间具有显著相关性。

综上所述,尽管这两名被试的一般性复杂性指标(即平均句长)的发展途径在很大程度上接近组别的平均趋势,但分析显示,对于更具体的复杂性指标而言,二人的发展途径与横向发展趋势相比具有丰富的变异性。尤其是 Braden 主要通过使用更多的限定动词单位使句子逐渐变长,而 Cassie 的平均句长与 CTTR 的相关性最强。定性分析还证实了 Cassie 在搭配从属连词中使用了更多样化的词汇和结构。与组别和 Braden 不同的是,Cassie 的平均句长还与句子平均限定动词结构显著相关,这表明她的句法复杂度比她的同学们要高。此外,虽然在组别层面并列连词的使用与从属连词和句子平均限定动词结构的使用不相上下,但这两个被试的情况并非如此。

Vyatkina(2012)将两名被试的发展路径与他们所在组别的发展趋势进行了比较分析,有力地证实了二语发展中学习者个体间存在变异性,因而需要同时关注组别发展趋势和个人发展轨迹(Byrnes,2009)。在方法上,Vyatkina(2012)的研究表明,在学习者语料库分析中,某些词性的词频可以作为衡量句法复杂性的近似指标,特别是在没有句法复杂性自动分析工具的语言中。此外,该研究还说明了如何使用散点图以及趋势线和置信区间线来进行横纵向的比较。

Vyatkina(2013)用一组更具体的句法复杂性指标进一步比较了这两名被试的发展路径。在方法上,她将个体发展概况(developmental profiling)分析技术(Byrnes 等,2010)和带有半自动化语料库标注工具的纵向学习者语料库分析相结合,通过对两名学生写作样本中一组特定句法结构的频数和语境进行分析,建立了两名学生的个体发展概况。研究的特定句法结构包括 4 种并列结构（名词短语、修饰短语、谓语短语和并列句），4 种复杂名词结构（定语形容词短语、扩展名词的介词短语、名词性从句和关系从句），以及 3 种非限定动词结构［由情态动词和助词支配的不定式短语、zu（“to”）+不定式短语和过去分词短语］。

该研究者和另一位独立标注者对经 TreeTagger（Schmid，1994）输出的词性赋码进行人工手动检查，使用 F-值计算不同词性类别的取值范围为.95～1，并通过讨论解决了所有词性赋码的差异。完整动词的过去分词使用相应的词性标记直接获取。并列结构则通过词性赋码、WordSmith 工具检索并列连词，然后手动检查所获取的索引行来提取（Scott，2008）。所有其他类型的结构标注均由两名标注员人工手动完成，其评分者间信度 F 值的范围为 0.8～0.98。

通过对两名被试使用特定句法结构的频数和语境进行分析，可以得出以下两种发展概况：在研究期间的前半段，他们发展轨迹相似，复杂结构的使用从第 1 个时间点的平均约 0.4 个从句到第 9 个时间点逐渐增至约 1.5 个从句。他们还在多个时间点使用了数量大致相同的某种复杂结构（例如，在时间点 7 使用了更多的非限定性动词短语），原因可能在于在这些时间点的教学重点就是这些结构。然而，在后三分之一的研究期间，他们的发展出现了不同轨迹。从第 13 个时间点开始，Cassie 对复杂结构的使用呈线性增长，在第 19 个时间点从句平均具有 1.8 个复杂结构，而 Braden 对复杂结构的使用在这一时期呈现出不太稳定的下降趋势。此外，Cassie 对复杂结构的使用也更均匀地分布在这三种类型中，而 Braden 在某些时间点上没有使用非限定动词。就所使用的具体结构而言，Cassie 在从句中使用了更多的非限定性动词和复杂名词性结构，而 Braden 则使用了更多的并列结构。这些结果表明，Braden 通过使用更多的并列句和简单句使句子逐渐变长，而 Cassie 使句子变长的手段是使用更复杂的从句结构。对语境的分析还表明，在后半段时间，Braden 更倾向于重复使用并列从句，而 Cassie 则使用更复杂的并列结构，尤其是更多的并列谓语。Cassie 对这三种复杂结构的使用变得更加均衡，这也表明她对句法复杂结构的掌握可能比 Braden 更接近发展中的变异稳定期。

上述发现为二语德语初学者特定句法复杂性个体间发展特征变异性提供了更多启示。Vyatkina（2013）强调了将发展特征与语料库分析方法相结合的有用性，包括使用半自动化语料库标注方法和密集收集的纵向数据等。对真正的初学者和其特定句法复杂性特征的研究可以观察目标特征何时出现，它们在重点教学后是消失还是仍然存在，以及它们在不同的时间点接受的教学重点和任务的分布情况。Cassie 能平衡先前学习的和新学习的句法特征，而 Braden 在后面的任务中抛弃了先前所学的一些句法特征。基于该发现，Vyatkina（2013）认为“应该明确教给学习者学会如何利用水平和任务适当的语言特征”（p.25）。

总之，本节所回顾的三项研究为二语发展中学习者个体间变异提供了有力证据。这三项研究采用不同的方法从以下三方面对学习者语料库进行学习者个体间变异分析:将学习者个体间差异与所在组别的纵向发展趋势进行平行分析(Crossley & Salsbury,2011),与更大组别的横向发展趋势进行比较(Vyatkina,2012),以及对两个个体学习者的发展概况进行详细比较分析(Vyatkina,2013)。这些不同的方向使这些研究为了解个体学习者的发展轨迹和概况如何互不相同,以及个体学习者如何不同于纵向或横向组别的发展趋势提供补充性的启示。这些研究证明了密集收集的纵向学习者语料库数据以及对这些数据的自动或半自动标注和分析,对探究学习者个体间变异具有重要作用。与分析学习者个体内变异情况相同,使用定量分析可以揭示变异性,而定性分析则阐明这种变异性发生和/或表现的具体方式。

5.4　二语发展中的个体间差异

正如第 5.2 节所概述的,近来二语发展研究越来越多地利用现代混合模型研究方法来解释个体间差异,同时探究组别发展趋势。这种研究方法上的进步有助于解决一个众所周知的问题:在探究组别平均发展模式时往往掩盖了通常不同于平均模式的个体发展模式(Dörnyei,2009)。正如 Lowie 和 Verspoor(2015)所指出的,"应用混合式模型可以通过将其(个体差异)作为随机效应来抵消组别内的个体差异"(p. 69),当然,很重要的是,不要将使用此类方法所研究的个体差异等同于第 5.3 节中讨论的随时间变化的个体变异。

Murakami(2016)在期刊《语言学习》(*Language Learning*)上发表的一篇方法综述类文章中,阐述了如何利用广义线性混合效应模型(generalized linear mixed-effects models,GLMM)来研究系统效应,同时量化个体差异。他分析了二语准确性发展中的英语语法语素个体差异量,以及母语类型(学习者的母语是否具有等效语素)对横向和纵向发展模式的潜在影响。如第 2.3.1 节所述,研究者使用的纵向和横向数据来自 EFCAMDAT 的预发布版本(Geertzen 等,2014)。他在分析中考虑了 3 个语素:冠词、过去式-ed 和复数-s,并让教师对错误语法语素进行纠正,以统计强制性语境和错误,并计算准确性。研究者从 EFCAMDAT 中选择了数据量最大的 10 个不同母语背景的学习者(即巴西葡萄牙语、汉语普通话、法语、德语、意大利语、日语、韩语、俄语、西班牙语和土耳其语)。如果某一组学习者使用上述 3 个语素中的任何一个少于 10 个强制性语境和泛化性错误的情况,都将被排除在研究外。有 4 组 20 名或更少的学习者,他们也被包括在研究之内。对于其他 6 组中的每一组,为了降低一些用于分析的计算成本,将该组中写作数量最多的 20 名学习者包括在研究之内。最终共有来自 159 名学习者的 3 233 份写作样本被纳入分析范围。

研究者用正确与错误使用之比来计算准确性。其中正确使用被计算为强制性语境的数量减去所有遗漏类错误和信息类错误,而错误被计算为遗漏、信息类错误和过度概括错误的总数。强制性语境计算为教师所批改文本中出现的语素的数量。使用 R 语言来统计强制性语境的频数和经错误赋码文本中的每种类型的错误频数。研究者在分析中纳入了 4 个自变量:语言水平(学习者完成写作的平均英语水平,用于获取捕捉横向发展趋势)、写作序号(学习者个人写作顺序,用于获取纵向发展趋势)、语素(每个语素代表一个等级的类别变量,其中冠词为参考级别),以及他们的母语类型(标记为具有两个级别的二分法变量:对于母语中没有对应语素的母语标记为 ABSENT,有对应语素的群组标记为 PRESENT)。

研究者采用混合效应 logistic 回归模型分析了准确性、语言水平、纵向发展和语素类型之间的关系,而母语类型和学习者为随机影响因素。由于写作嵌套于学习者中,而学习者嵌套在群组中,因而该模型具有嵌套的随机效应结构,其中方差在母语之间、学习者之间和写作水平之间进行统计。研究者采用前向选择方法来确定最佳模型,从一个包含母语和学习者层面的随机截距、没有固定效应预测变量的模型开始,逐次添加预测变量,以使模型的 AIC(Akaike information criterion,一种用于模型比较的信息论度量)减小最多,并使用 R 语言中的 lme4 包(Bates 等,2015)进行统计分析。

研究者选择的最终模型包括以下固定效应预测因子:语素、母语类型、写作序号、语言水平以及语素与语言水平之间的相互作用。而随机效应因子包括:按母语和学习者的截距,按学习者水平的语素随机对比,学习者的写作次数随机斜率。该模型中的预测因子的效果是对照参考模型进行测试的,该参考模型包括相同的随机影响因素,但只有语素和写作次数作为固定影响预测因子。

在参考模型中,按母语随机截距的标准差表明组别在准确性上的离散度(logit 量表中为.300),按学习者的随机截距表示每个母语组别内冠词准确性的个体差异(.495),按语素随机对比的标准差表明冠词和过去式-ed 之间(.716)以及冠词和复数-s 之间存在准确性个体差异(.582),按写作次数的随机斜率截距显示总体学习率中的个体差异(.192)。研究者所选的模型显示,每个学习者的随机截距减少了 20%,这表明冠词准确性上的个体差异可以用语言水平和母语类型来解释。此外,语素中的过去式-ed 和复数-s 的随机对比度也分别下降了 16.8%和 21.1%,表明语言水平可以解释语素准确性差异中的个体差异。

在固定效应方面,研究者报告了以下方面的显著性影响:语素(复数-s 比冠词的准确性更好)、母语类型(PRESENT 组优于 ABSENT 组)、写作序号(随时间增加)、语言水平(随语言能力增长)以及语素与语言水平之间的相互作用(复数-s 的水平比冠词水平增长幅度小)。研究者进一步指出,将随机效应与相应的固定效应进行比较,将进一步揭示个体差异的大小。例如,过去式-ed 的随机对比度为.613，而其在固定效应结构中的估计值要小得多(.141)，这表明冠词和过去式-ed之间准确性差异的个体差异标准差远大于语素之间的平均准确性差异。换句话说，尽管一般来说，过去式-ed的使用要比冠词更准确，但这两个语素之间的准确性顺序会因学习者不同而出现很大差异。

总的来说，Murakami(2016)的分析展示了如何巧妙地通过广义线性混合效应模型(GLMMs)中的随机效应来量化个体差异。他强调，随机效应差异在以下三方面提供了信息：个体差异在一个效应中的存在程度；该存在程度和其在另一个效应中的程度相比，是更小还是更大；预测因子可以解释差异的程度。近来越来越多的二语发展研究采用了广义线性混合效应模型，其中的几项研究已在第4章进行了讨论。例如，在研究一组ESL学习者词汇心理语言学方面的4个特征(即具体性、形象性、熟悉度和意义性)的纵向发展时，Crossley和Skalicky(2019)将被试作为随机效应，将会话顺序作为随机斜率，输入进他们建立的广义线性混合效应模型中，以捕捉被试之间的个体差异。尽管他们没有单独讨论关于个体差异的结果，但却报告了边际 R^2 和条件 R^2。边际 R^2 是仅由固定效应解释的方差，条件 R^2 是由他们建立的每个模型的固定和随机效应相结合解释的方差。他们的研究结果表明，对于所有特征，随机效应比固定效应能解释更大的方差(例如，对于具体性，边际 $R^2=.251$，条件 $R^2=.610$；对于形象性，边际 $R^2=.256$，条件 $R^2=.644$；对于熟悉度，边际 $R^2=.025$，条件 $R^2=0.282$；对于意义性，边际 $R^2=.317$，条件 $R^2=.647$)，这表明个体被试在他们的研究数据中存在很大差异。在研究一组二语为意大利语的学习者使用名词+形容词(N+Adj)组合情况的纵向发展时，Siyanova-Chanturia和Spina(2020)将课堂内的学习者视为随机效应，将时间视为广义线性混合效应模型中的随机斜率来捕捉学习者个体差异。然而，他们发现来自17个不同班级的175名学生所使用的名词+形容词组合的个体间差异很小。最后一项研究为一组母语为荷兰语的EFL学习者基于使用VAC成熟性指标的纵向发展规律研究，Kyle等(2021)在该研究中也将被试作为随机效应(进行随机截距)输入进广义线性混合效应模型中，以捕捉个体差异。与Crossley和Skalicky(2019)类似，他们也报告了边际 R^2 和条件 R^2(当参与者之间的差异大到足以被模型拟合时)。其研究结果表明，在多数衡量句法复杂性和VAC的丰富性指标上，没有显著的个体差异，对于主要动词频率指标，边际 R^2 和条件 R^2 之间的差异最大(边际 $R^2=.457$，条件 $R^2=.467$)。

Murakami(2016)对研究方法上的另一个贡献是说明了如何使用广义可加性混合模型(GAMMs)来同时研究系统性、个体性和非线性，该模型“通过建模自变量和因变量之间的非线性关系”扩展了广义线性混合效应模型(p.851)。广义可加性混合模型将平滑项与参数项相结合，允许“在控制其他项的非线性效应的同时，对某些项的显著性进行统计检验”(Murakami,2016:854)，而近来，将随机效应纳入此类模型,从而使解释个别学习者的非线性模式成为可能。鉴于涉及相对大量的数学细节描述,这里仅总结了 Murakami(2016)在最终模型中与个体差异有关的发现,而没有详细说明建模和选择的过程。该模型的参数项表明,PRESENT 组的表现优于 ABSENT 组;冠词的准确性随着语言水平的提高而提高;在平均语言水平下,复数-s 的准确性高于冠词准确性;从横向比较来看,复数-s 的准确性比冠词的准确性增长幅度小。该模型的平滑项显示,ABSENT 组的写作数量的部分效应呈线性,而 PRESENT 组呈非线性,纵向发展的个体差异具有显著性。该模型的随机效应显示,不同母语背景的学习者之间存在绝对的准确性差异,在冠词与其他语素使用的准确性上存在个体差异。总之,该模型证明了绝对准确性和非线性发展的个体差异,母语类型和语言水平对准确性的影响,以及母语对纵向发展模式的影响。虽然到目前为止,很少有二语发展研究采用广义可加性混合模型,通过该模型可以获得丰富而复杂的结果,可能会"挑战当前最先进的理论",并"推动该领域更多地朝着语言动态系统的方向发展"(Baayen,2014:361,转引自 Murakami,2016:864)。

5.5 本章小结

本章回顾了数量不多的采用纵向学习者语料库的研究,其中某些研究结合横向学习者语料库,探究二语发展中的自身变异或个体间差异。有关学习者个体内变异的研究采用了几种新的定量方法来描述个体变量的发展模式,识别个体变量的显著发展跳跃,确定不同变量之间的显著相关性,并评估这些相关性随时间变异的程度。关于学习者个体间变异的研究是将不同定量方法与定性分析相结合,以探讨小型纵向组别中每个学习者个体的发展轨迹,将选定研究对象的发展轨迹与其所在的较大组别的发展趋势线进行横向比较,或是仔细分析所选研究对象之间的发展概况差异。这些研究提供了强有力的证据来支持复杂动态系统理论所持的观点,即变异性是二语发展的内在属性,不同发展变量的相互作用以不同的方式塑造了不同学习者的发展轨迹。近来,对二语发展中的个体差异研究通常使用混合模型的方法来量化个体变异,同时探究组别发展趋势。这些研究在以组别为研究重点的同时,通过考虑个体差异来有效补充变异性研究。上述所回顾的研究还反复证明了使用密集数据的纵向学习者语料库、自动或半自动语料库标注以及定量和定性语料库分析方法,能够有效促进揭示二语发展的变异和差异规律。

随着该领域积累更多有关变异性研究的证据,以及对变异性在二语发展中的表现方式更细致的了解,今后的变异性研究将更系统地关注学习者、任务以及那些驱动变异性的语境因素,并探索在更大的群体中是否存在具有相似的个体学习者发展轨迹的小群体,这些研究都将会是有用的。为了补充个体变异性和组别发展趋势方面的研究,研究者还可以探索组别间的变异性,即不同学习者组别发展轨迹的差异,特别是利用组别层面的差异来增进不同因素对组别发展轨迹的影响的理解和/或为组别层面的教学提供信息。正如 Murakami(2016)所建议的,未来对二语发展中的个体差异研究可能会考虑在研究组别发展趋势的同时,探究如何使用广义可加性混合模型对个体差异和非线性发展模式进行建模。

参考文献

Anthony,L. (2011). *AntConc*(Version 3.2.2.1)[Computer software]. Tokyo,Japan: Waseda University. http://www.laurenceanthony.net/software.

Atkinson,D. (2014). Language learning in mindbodyworld:A sociocognitive approach to second language acquisition. *Language Teaching*,47(4),467-483. https://doi.org/10.1017/S0261444813000153.

Baayen,R. H. (2014). Multivariate statistics. In R. Podesva & D. Sharma (Eds.), *Research methods in linguistics*(pp. 337-372). Cambridge,UK:Cambridge University Press.

Bastardas-Boada, A. (2013). Language policy and planning as an interdisciplinary field:Towards a complexity approach. *Current Issues in Language Planning*,14(3-4),363-381. https://doi.org/10.1080/14664208.2013.829276.

Bates,D.,Machler,M.,Bolker,B.,& Walker,S. (2015). Fitting linear mixed-effects models using lme4. *Journal of Statistical Software*,67(1),1-48. https://doi.org/10.18637/jss.v067.i01.

Byrnes,H. (2009). Emergent L2 German writing ability in a curricular context:A longitudinal study of grammatical metaphor. *Linguistics and Education*,20(1),50-66. https://doi.org/10.1016/j.linged.2009.01.005.

Byrnes,H.,Maxim,H.,& Norris,J. M. (2010). Realizing advanced foreign language writing development in collegiate education: Curricular design, pedagogy, assessment. *The Modern Language Journal*,94(S1),1-235.

Chomsky,N. (1965). *Aspects of the theory of syntax*. Cambridge,MA:MIT Press.

Cowley,S. J. (Ed.) (2011). *Distributed language*. Amsterdam:John Benjamins.

Coxhead,A. (2000). A new academic word list. *TESOL Quarterly*,34(2),213-238. https://doi.org/10.2307/3587951.

Crossley,S. A.,& Salsbury,T. (2011). The development of lexical bundle accuracy and production in English second language speakers. *International Review of Applied Linguistics in Language Teaching*,49(1),1-26. https://doi.org/10.

1515/iral. 2011. 001.

Crossley, S. A., & Skalicky, S. (2019). Examining lexical development in second language learners: An approximate replication of Salsbury, Crossley & McNamara (2011). *Language Teaching*, 52(3), 385-405. https://doi.org/10.1017/S0261444817000362.

De Bot, K., Lowie, W., & Verspoor, M. (2007). A dynamic systems theory approach to second language acquisition. *Bilingualism: Language and Cognition*, 10(1), 7-21. https://doi.org/10.1017/S1366728906002732.

De Bot, K., Lowie, W., Thorne, S. L., & Verspoor, M. (2013). Dynamic systems theory as a comprehensive theory of second language development. In M. Mayo, M. Gutierrez-Mangado, & M. Adrian (Eds.), *Contemporary approaches to second language acquisition* (pp. 199-220). Amsterdam: John Benjamins. https://doi.org/10.1075/aals.9.13ch10.

Dörnyei, Z. (2009). *The psychology of second language acquisition*. Oxford: Oxford University Press.

Draper, N. R., & Smith, H. (2001). *Applied regression analysis*. New York: Wiley.

Du Bois, J. W., Chafe, W. L., Meyer, C., & Thompson, S. A., Englebretson, R., & Martey, N. (2000-2005). *Santa Barbara corpus of spoken American English, Parts 1-4*. Philadelphia: Linguistic Data Consortium.

Ellis, R. (1994). *The study of second language acquisition*. Oxford: Oxford University Press.

Ellis, R., & Barkhuizen, G. (2005). *Analyzing learner language*. Oxford: Oxford University Press.

Geertzen, J., Alexopoulou, T., & Korhonen, A. (2014). Automatic linguistic annotation of large scale L2 database: The EF-Cambridge Open Language Database (EFCAMDAT). In R. T. Millar, K. I. Martin, C. M. Eddington, A. Henery, N. M. Miguel, A. Tseng et al. (Eds.), *Selected proceedings of the 2012 Second Language Research Forum: Building bridges between disciplines* (pp. 240-254). Somerville: MA: Cascadilla Proceedings Project.

Han, Z.-H. (2021). Usage-based instruction, systems thinking, and the role of Language Mining in second language development. *Language Teaching*, 54(4), 502-517. https://doi.org/10.1017/ S0261444820000282.

Hiver, P., Al-Hoorie, A. H., & Evans, R. (2021). Complex dynamic systems theory in language learning: A scoping review of 25 years of research. *Studies in Second Language Acquisition*, 1-29. https://doi.org/10.1017/S0272263121000553.

Hood, G. (2004). *PopTools* [Computer software]. Canberra, Australia: Pest Animal Control Co-operative Research Center(CSIRO).

Kyle, K., Crossley, S., & Verspoor, M. (2021). Measuring longitudinal writing development using indices of syntactic complexity and sophistication. *Studies in Second Language Acquisition*, 43(4), 781–812. https://doi:10.1017/S0272263120000546.

Larsen – Freeman, D. (1997). Chaos/complexity science and second language acquisition. *Applied Linguistics*, 18(2), 141–165. https://doi.org/10.1093/applin/18.2.141.

Larsen–Freeman, D. (2006). The emergence of complexity, fluency, and accuracy in the oral and written production of five Chinese learners of English. *Applied Linguistics*, 27(4), 590–619. https://doi.org/10.1093/applin/aml029.

Larsen–Freeman, D. (2017). Complexity theory: The lessons continue. In L. Ortega & Z. Han (Eds.), *Complexity theory and language development: In celebration of Diane Larsen–Freeman* (pp. 11–50). Amsterdam: John Benjamins. https://doi.org/10.1075/lllt.48.02lar.

Lowie, W., & Verspoor, M. (2015). Variability and variation in second language acquisition orders: A dynamic reevaluation. *Language Learning*, 65(1), 63–88. https://doi.org/10.1111/lang.12093.

Lowie, W., Verspoor, M., & de Bot, K. (2010). A dynamic view of second language development across the lifespan. In K. de Bot & R. W. Schrauf(Eds.), *Language development over the lifespan*(pp. 125–146). London: Routledge.

MacWhinney, B. (2000). *The CHILDES project: Tools for analyzing talk*. Mahwah: Erlbaum.

Mufwene, S. S., Coupé, C., & Pellegrino, F. (Eds.) (2017). *Complexity in language: Developmental and evolutionary perspectives*. Cambridge: Cambridge University Press.

Murakami, A. (2016). Modeling systematicity and individuality in nonlinear second language development: The case of English grammatical morphemes. *Language Learning*, 66(4), 834–871. https://doi.org/10.1111/lang.12166.

Poehner, M. E., Zhang, J., & Lu, X. (2015). Computerized dynamic assessment (C–DA): Diagnosing L2 development according to learner responsiveness to mediation. *Language Testing*, 32(3), 337–357. https://doi.org/10.1177/0265532214560390.

Schmid, H. (1994). Probabilistic part–of–speech tagging using decision trees. In *Proceedings of the International Conference on New Methods in Language Processing*(pp. 44–49). Manchester, UK: University of Manchester.

Schmid, M. S., Köpke, B., & de Bot, K. (2013). Language attrition as complex, non-linear development. *International Journal of Bilingualism*, 17(6), 675–683.

Scott, M. (2008). *WordSmith Tools* (Version 5) [Computer software]. Liverpool, UK: Lexical Analysis Software. https://www.lexically.net/wordsmith/.

Siyanova-Chanturia, A., & Spina, S. (2020). Multi-word expressions in second language writing: A large-scale longitudinal learner corpus study. *Language Learning*, 70(2), 420–463. https://doi.org/10.1111/lang.12383.

Spoelman, M., & Verspoor, M. (2010). Dynamic patterns in development of accuracy and complexity: A longitudinal case study in the acquisition of Finnish. *Applied Linguistics*, 31(4), 532–553. https://doi.org/10.1093/applin/amq001.

Van Dijk, M., Verspoor, M. H., & Lowie, W. (2011). Variability and DST. In M. H. Verspoor, K. de Bot, & W. Lowie (Eds.), *A dynamic approach to second language development: Methods and techniques* (pp. 55–84). Philadelphia/Amsterdam: John Benjamins.

Van Geert, P., & Steenbeek, H. (2005). Explaining after by before: Basic aspects of a dynamic systems approach to the study of development. *Developmental Review*, 25(3–4), 408–444. https://doi.org/10.1016/j.dr.2005.10.003.

Van Geert, P., & van Dijk, M. (2002). Focus on variability: New tools to study intra-individual variability in developmental data. *Infant Behavior and Development*, 25(4), 340–375. https://doi.org/10.1016/S0163-6383(02)00140-6.

Verspoor, M., de Bot, K., & Lowie, W. (Eds.) (2011). *A dynamic approach to second language development.* Amsterdam: John Benjamins.

Verspoor, M., Lowie, W., & Van Dijk, M. (2008). Variability in second language development from a dynamic systems perspective. *The Modern Language Journal*, 92(2), 214–231. https://doi.org/10.1111/j.1540-4781.2008.00715.x.

Vyatkina, N. (2012). The development of second language writing complexity in groups and individuals: A longitudinal learner corpus study. *The Modern Language Journal*, 96(4), 576–598. https://doi.org/10.1111/j.1540-4781.2012.01401.x.

Vyatkina, N. (2013). Specific syntactic complexity: Developmental profiling of individuals based on an annotated learner corpus. *The Modern Language Journal*, 97(S1), 11–30. https://doi.org/10.1111/j.1540-4781.2012.01421.x.

Wolfe-Quintero, K., Inagaki, S., & Kim, H. Y. (1998). *Second language development in writing: Measures of fluency, accuracy, and complexity.* Honolulu: University of Hawai'i, Second Language Teaching and Curriculum Center.

Zhang, J., & Lu, X. (2013). Variability in Chinese as a foreign language learners' development of the Chinese numeral classifier system. *The Modern Language Journal*, 97 (S1), 46 - 60. https://doi. org/10. 1111/j. 1540 - 4781. 2012. 01423. x.

Zhang, J., & Lu, X. (2019). Measuring and supporting second language development using computerized dynamic assessment. *Language and Sociocultural Theory*, 6(1), 92-115. https://doi. org/10. 1558/lst. 3171.

第6章　结　　论

6.1　引　　言

本书的最后一章有两个目的:一是简要回顾本书第2~5章所探讨的二语习得4大研究领域中的主要观点、问题和研究发现,并总结语料库语言学方法对这些研究领域做出的贡献;二是反思在所应用领域中这些方法的效度、信度和局限性,并在本书的结尾指出语料库语言学在二语习得研究中的未来发展方向,包括现有技术的新用途和创新性新兴技术手段的新应用。

6.2　全书回顾总结

本书回顾了融合语料库语言学方法开展的二语习得研究,特别是采用母语和/或学习者语料库以及使用语料库标注和分析的工具及方法来研究4个核心领域中的问题。

第一个研究领域侧重于二语使用中组别层面的差异,从理论和/或教学视角阐述学习者和/或任务等主要相关变量产生的影响(例如,Römer & Garner,2019)。就二语使用的差异类型而言,该领域研究主要关注二语学习者整体性产出的CAF差异程度以及他们所使用的具体语言特征或构式(包括形态-句法构式和短语单位)的类型。对此,研究者们还开发了一大批指标来测量二语使用的不同维度(例如,Housen & Kuiken,2009;Lu,2017;Norris & Ortega,2009)。此外,该领域还通常采用定性分析的研究方法,进一步关注二语学习者在使用具体的语言特征或构式时其结构和功能方面的特点,以及在语境上的差异。就学习者变量而言,目前基于语料库的二语使用差异性研究主要针对二语语言水平带来的影响,还有少数研究是关于母语背景的,可能由于这两个变量在学习者语料库中比其他变量更为常见(Gablasova等,2019)。一直以来,考察不同语言水平之间的二语使用差异都是横向学习者语料库研究的核心内容(例如,Garner,2016;Lu,2011)。虽然不同学习者语料库对语言水平的定义不同,但长期以来研究者们都在致力于用同一个尺度来衡量语言水平,如采用CEFR来提高不同研究结果的可比性和普适性。这一领域的研究显示,在不同二语使用维度和不同语言水平范围中存在语言水平间差异的不同变化模式,包括在某些情况下不同语言水平学习者之间不存在差异。基于学习者语料库的研究发现还包括:利用包含来自不同母语背景的学习者语言样本的语料库,研究者发现二语学习者的母语背景可能会影响他们二语使用的诸多方面,但并非影响所有方面;尽管学习者的母语和目标语言之间存在某种相似性,但学习者并非总是按照母语者的使用模式来使用目标语言,因此将母语背景和语言水平对二语使用差异的影响作为变量加以考虑具有重要意义(例如,Lu & Ai,2015;Shatz,2019)。在对照实验研究中将任务作为相关变量研究其对二语使用的影响是很常见的做法,目前为数不多的学习者语料库研究已经展示了如何利用标注了不同模式、体裁、任务类型和话题的学习者语料库开展研究分析,探究上述变量带来的影响(例如,Yang 等,2015;Yoon & Polio,2017)。这些研究证实了任务设计对二语学习者语言表现存在影响,并试图从信息处理、功能或交互需求的角度解释这些影响。

第二个研究领域聚焦不同输入因素对二语加工和产出的影响。该领域的许多研究都是从基于使用的二语习得视角开展的,主张构式是语言学习的目标,学习构式过程是一种联想学习(Wulff & Ellis,2018)。在该领域的语料库研究中,频率和关联性是其中探讨最多的两个输入因素。二语加工的研究通常利用母语语料库来获取目标构式的频率和/或关联性的相关信息,并考察它们在不同任务加工中对二语学习者构式加工的影响(如可接受性判断和理解性任务)。以二语产出为重点的研究从学习者语料库中获得了目标构式的二语产出特征,并考察这些特征与母语语料库中相同构式的频率和/或关联性的关系。总的来说,研究发现,在词汇类别、冠词构式、短语单位、句法构式和语音特征等方面存在二语加工和/或产出的显著性频率和关联性效应。少数基于使用的研究也融合了语料库分析手段来考察近因性、语义原型效应和突显度对二语句法或语法构式的加工和产出的影响。这些研究使用了以下不同的语料库语言学方法:利用母语语料库提取构式的数据和使用统计情况,利用语料库语言学工具计算语义原型效应指标,利用二语语料库分析二语产出的特征(例如,Zhao & Shirai,2018)。这些因素对二语的加工或产出具有显著性或接近显著性的影响,当然它们的影响看起来比频率和关联性的影响更弱或更不普遍。

第三个研究领域侧重于组别层面的二语发展纵向轨迹。同样,该领域的多数研究是在基于使用的语言学理论框架内进行的。为了了解二语的 CAF 的发展、产出性词汇知识、短语能力、语法和形态-句法构式以及立场特征,这些研究使用了各种语料库工具来分析纵向学习者语料库(例如,Ellis & Ferreira-Junior,2009;Yoon & Polio,2017)。一些研究使用学习者语料库中所包含的有关学习者和任务变量信息,考察了这些变量(如学习者语言水平和体裁)是如何与学习二语的时间相互作用,从而影响二语学习者的发展轨迹。一些研究还使用纵向母语语料库或大规模共时母语参考语料库来考察不同输入和语言因素(例如,母语使用中目标特征的频率)对二语发展的影响。在方法上,这类研究提出并验证了许多源自母语和/或二语语料库的新测量方法,从不同维度评估二语发展,并尝试使用新的数据驱动方法来发现具有显著发展变化的指标。总之,这些研究对二语不同维度发生显著发展变化可能需要的时间、显著发展变化的表现方式以及学习时间与不同输入、学习者和任务变量之间的相互作用具有宝贵的借鉴意义。

第四个也是最后一个研究领域,利用纵向二语语料库来研究二语发展中的学习者个体间和个体内变异以及个体差异。关注随时间发生变异的研究主要以CDST为理论框架,该理论强调了语言系统的复杂性、动态性和自适应性,语言发展中的非线性和变异性,以及发展过程中不同子系统之间的相互作用(例如,de Bot等,2007;Larsen-Freeman,2006)。学习者个体内变异研究采用多种统计方法来揭示个体发展变量的纵向变化模式,考察发展变量之间随时间变化而产生的相互作用,并发现发展过程中可能出现的跳跃发展。这些研究表明学习者个体内变异行为遵循动态系统原则。对学习者个体间变异的研究侧重于描绘两个或两个以上学习者个体发展轨迹或概貌之间的差异,通常将组别层面的纵向或横向发展趋势进行比较分析,以突出个体发展轨迹与组别发展趋势的不同之处。最后,越来越多的研究在考察组别发展模式的同时,使用混合效应模型来量化个体差异(例如,Murakami,2016)。

6.3 反思与未来研究方向

本书所综述的研究阐述了语料库语言学方法如何在几个二语习得研究核心领域发挥作用。本小节将从方法论的角度对这些方法在二语习得研究中的应用进行反思,并提出未来的几个发展方向,进而总结全书。

本书所回顾的研究领域的主要数据来源于母语者语料库和学习者语料库。在二语习得研究中使用此类语料库时面临的一个根本性问题是,所选择或创建的语料库在多大程度上对所代表的对象具有代表性。例如,许多研究考察了输入因素对二语加工、产出或发展的影响,它们都使用了大规模的通用语料库,如BNC(Burnard,2007)和COCA(Davies,2009),来获取学习者输入中的语言使用统计数据。然而,我们需要谨慎对待这种假设的有效性。根据该假设,类似这样的语料库可以充分代表不同的教学和学习环境(例如,英语作为外语的环境与英语作为第二语言的环境)中二语学习者的语言输入。一些研究为了更好地反映二语学习者的实际输入,创建了母语教师课堂教学输入语料库,或由母语者与二语学习者互动时产出的交互性输入所构建的语料库,从而向前迈进了一步。尽管如此,由于忽略了二语学习者在这些教学或互动环境之外可能接触到的各种输入,这样的语料库充其量也只具有部分代表性,但这样的尝试还是非常具有合理性,因此有必要对二语学习者在发展研究期间所接受的实际教学输入和附带输入全部进行严格追踪。这样的具有代表性的输入语料库不仅可以使研究者更可靠地测量输入因素对二语产出和发展的影响,还能够系统评估大规模通用语料库用作二语输入语料库的代表程度。

学习者语料库已广泛用于分析二语的使用、产出和发展。学界对学习者语料库的重要性已达成越来越多的共识,因为学习者语料库带有丰富的学习者和任务变量标注信息,具有有效的概念化、可靠的操作性和代表性的取值范围。在不同的学习者语料库中对相关变量进行一致性的操作,例如将语言水平纳入上述通用量表,能够使基于不同语料库的研究结果更具有可比性和普适性。在采用不同分析方法的研究中,普遍关注的研究主题是语言任务对二语产出和发展结果的潜在影响。在纵向研究中,尽管要求二语学习者重复相同的任务会消除任务效应,但多次重复未必总是适合教学目标,还可能导致重复效应和动机磨蚀。因此,有必要在未来二语发展研究中寻找理论上合理且教学中可行的方法来解决重复效应和任务效应,其中一种可能富有成效的方法是先确定具有可比性的,具备任务复杂性、交际功能和语言需求的任务集,以及按一定的原则制定在这些方面有差别的任务集(例如,Robinson,1995,2001)。然后,二语教师和二语习得研究者可以从中提取任务来设计教学活动和创建纵向或横向学习者语料库。在纵向发展研究中面临的另一个特别重要的问题是观察时间的长度。在所综述的研究中,研究期大多从几个月到 3 年不等。许多研究表明,在相对较短的研究期内(如 1 个学期),可能不会让所有语言子系统都有显著的发展。同时,描绘二语学习者更长的发展轨迹具有极大的理论和教学意义。采用更大规模的长期研究设计,将观察期延长至远超 3 年以上,再加上以最适合的密度采集数据,以及充分规划以避免潜在被试的流失,这些举措将无疑保障创建更丰富的纵向学习者语料库,从而更全面地描述更完整的二语发展轨迹。

除了加强作为二语习得研究数据源的母语者语料库和学习者语料库的代表性和丰富性以外,未来的研究还可以继续探索和开发更强大的语料库标注和分析工具。本书所综述的研究利用了一系列用于语料库标注和分析的自动化工具。同时,未来的研究显然需要继续提高现有自然语言处理工具在标注和分析口笔语学习者语料库方面的准确性(例如,Lu,2022)。当然,该领域也定会受益于其他工具的开发,这些工具可用于新的、更细粒度类型的语料库自动标注和分析。近期在这一领域所做的一些尝试包括:分析文本中交互性元话语特征的作者语音分析器(Authorial Voice Analyzer,AVA)(Yoon,2017),语法及规范类错误工具(Grammar and Mechanics Error Tool,GAMET),用于标记和统计文本中结构和规范类错误的工具(错误包括语法、拼写、标点符号、空格和重复错误)(Crossley 等,2019),以及 AutoSubClause(一种自动从文本中提取细粒度从句类型的工具)(Chen 等,2021)。

对用于标注和分析语义和功能方面的工具进行补充性研究,如隐喻、言语行为和修辞语步(rhetorical moves)等(Lu,2014;Lu 等,2021),将极大地促进二语习得对二语学习者在这些方面的使用、加工、产出和发展的研究。

还有一种语料库分析方法,可用来扩充本书中所综述的二语习得研究的方法类型,即探索更强大的数据驱动方法,以发现相关语言特征和构式的显著变化或差异情况。在考察二语的使用、产出或发展时,现有的研究通常预先确定研究目标特征或构式,如在第 4 章中,Ivaska(2015)展示了如何在没有先入为主的假设情况下,使用数据驱动的方法来发现具有显著发展变化的语言构式。这种方法通常需要识别相关的研究对象[例如,Ivaska(2015)在二语词形发展研究中的词形一元、非连续二元和三元],然后采用适当的方法来发现研究中具有显著发展变化的构式。同样的方法也可以用于探究语言使用中学习者和任务变量造成显著变化的方面,对那些关注预定目标特征或构式的研究来说,这样的研究发现是有益的补充。

寻找有效和可靠的二语变化和发展指标一直是二语习得研究中的核心方法论问题。虽然早期研究主要探讨不同类型语言单位的形式、结构和分布特征,但近来的研究开始更多地关注这些单位的语义、习得和心理语言学方面的特性(例如,Kyle 等,2018)。此外,有必要对语言使用的意义和功能方面的测量进行进一步的研究,例如,Lu 和 Hu(2022)认为,在衡量词汇丰富性时,需考虑多义词具有不同含义的丰富度。他们采用词义消歧系统(word sense disambiguation system)来确定二语英语学习者使用的多义词的语义,并证明了将所用词义的丰富度考虑在内的词汇丰富性指标优于现有的指标。Lu(2022)概述了开发语言特征功能有效性测量指标的可能性和实用性,特别是有关学习者们使用修辞语步和步骤来实现特定语言特征的适切性。具有这种性质的指标将有助于我们更深入地了解二语在语言的语义和功能方面的变异和发展,当然随着这些指标的自动化计算所依赖的自然语言处理技术的不断成熟,有望能够对语义和功能进行可靠的自动化分析。

随着上述研究方法的改进,未来基于语料库的二语习得研究将呈现一些新的关注点。首先,随着越来越多包含此类信息的学习者语料库的出现(Gablasova 等,2019),对二语差异和发展的研究可以更多地关注社会语言学变量或与语言学习体验相关的变量所带来的影响。比如,可以研究二语学习者首次接触二语和外语教学与自然习得环境时的不同年龄,对其发展轨迹产生的影响进行系统的描述和比较,这样的研究将非常受欢迎。这些变量不仅可以用来研究在二语使用方面的组别差异以及由这些变量造成的二语发展中的个体变异和个体差异,还可能为组别变异性的二语发展轨迹提供极其丰富的信息。其次,可以在专门(specialized)和行业(professional)语言使用领域进行更多的研究,以验证适用于通用语言领域的理论假设是否可以推广到这些特殊领域。例如,从理论上讲,有必要对专门输入语料库中的输入统计数据与通用输入语料库中的输入统计数据间的差异进行研究(例如,Casal 等,2022),探讨这种输入统计数据在专门领域中对语言特征和构式的二语加工、产出和发展的影响是否与其在通用领域中具有相似的影响?此外,在这些领域进行研究还可以为该领域所需的关键语言能力提供相应的教学借鉴(例如,Crosthwaite & Jiang,2017)。最后,未来对二语差异、加工、产出和发展的研究也应更多地关注语义和功能。例如,不同学习者和任务变量如何对二语学习者使用不同丰富程度的词义(如隐喻意义)产生影响?这些变量如何影响他们在特定体裁和交际语境中使用不同类型的修辞功能?哪些因素会影响二语学习者对不同丰富程度的词义(如隐喻意义)的加工?不同交际或修辞功能的输入频率如何影响二语学习者对这些功能的加工或产出?二语学习者如何发展其使用更复杂词义的能力?二语学习者如何培养其运用更合适的语言特征来实现特定交际或修辞功能的能力?对这些以及其他类似问题的回答将极大地帮助我们深入洞察二语学习者二语的使用、加工和语义、功能的发展规律。

参 考 文 献

Burnard, L. (Ed.). (2007). *Reference guide for the British National corpus* (XML ed.). Oxford: Oxford University Computing Services. http://www.natcorp.ox.ac.uk/docs/URG/.

Casal, J. E., Shirai, Y., & Lu, X. (2022). English verb-argument construction profiles in a specialized academic corpus: Variation by genre and discipline. *English for Specific Purposes*, 66, 94-107. https://doi.org/10.1016/j.esp.2022.01.004.

Chen, X., Alexopoulou, T., & Tsimpli, I. (2021). Automatic extraction of subordinate clauses and its application in second language acquisition research. *Behavior Research Methods*, 53(2), 803-817. https://doi.org/10.3758/s13428-020-01456-7.

Crossley, S. A., Bradfield, F., & Bustamante, A. (2019). Using human judgments to examine the validity of automated grammar, syntax, and mechanical errors in writing. *Journal of Writing Research*, 11(2), 251-270. https://doi.org/10.17239/jowr-2019.11.02.01.

Crosthwaite, P., & Jiang, K. (2017). Does EAP affect written L2 academic stance? A longitudinal learner corpus study. *System*, 69, 92-107. https://doi.org/10.1016/j.system.2017.06.010.

Davies, M. (2009). The 385+million word Corpus of Contemporary American English (1990-2008+): Design, architecture, and linguistic insights. *International*

Journal of Corpus Linguistics, 14(2), 159-190. https://doi.org/10.1075/ijcl.14.2.02dav.

De Bot, K., Lowie, W., & Verspoor, M. (2007). A dynamic systems theory approach to second language acquisition. *Bilingualism: Language and Cognition*, 10(1), 7-21. https://doi.org/10.1017/S1366728906002732.

Ellis, N. C., & Ferreira-Junior, F. (2009). Construction learning as a function of frequency, frequency distribution, and function. *The Modern Language Journal*, 93(3), 370-385. https://doi.org/10.1111/j.1540-4781.2009.00896.x.

Gablasova, D., Brezina, V., & McEnery, T. (2019). The Trinity Lancaster Corpus: Development, description, and application. *International Journal of Learner Corpus Research*, 5(2), 126-158. https://doi.org/10.1075/ijlcr.19001.gab.

Garner, J. R. (2016). A phrase-frame approach to investigating phraseology in learner writing across proficiency levels. *International Journal of Learner Corpus Research*, 2(1), 31-68. https://doi.org/10.1075/ijlcr.2.1.02gar.

Housen, A., & Kuiken, F. (2009). Complexity, accuracy, and fluency in second language acquisition. *Applied Linguistics*, 30(4), 461-473. https://doi.org/10.1093/applin/amp048.

Ivaska, I. (2015). Longitudinal changes in academic learner Finnish: A key structure analysis. *International Journal of Learner Corpus Research*, 1(2), 210-241. https://doi.org/10.1075/ijlcr.1.2.02iva.

Kyle, K., Crossley, S. A., & Berger, C. (2018). The tool for the analysis of lexical sophistication (TAALES): Version 2.0. *Behavior Research Methods*, 50(3), 1030-1046. https://doi.org/10.3758/s13428-017-0924-4.

Larsen-Freeman, D. (2006). The emergence of complexity, fluency, and accuracy in the oral and written production of five Chinese learners of English. *Applied Linguistics*, 27(4), 590-619. https://doi.org/10.1093/applin/aml029.

Lu, X. (2011). A corpus-based evaluation of syntactic complexity measures as indices of college-level ESL writers' language development. *TESOL Quarterly*, 45(1), 36-62. https://doi.org/10.5054/tq.2011.240859.

Lu, X. (2014). *Computational methods for corpus annotation and analysis*. Dordrecht: Springer.

Lu, X. (2017). Automated measurement of syntactic complexity in corpus-based L2 writing research and implications for writing assessment. *Language Testing*, 34(4), 493-511. https://doi.org/10.1177/0265532217710675.

Lu, X. (2022). Directions for future automated analyses of L2 written texts. In R. M.

Manchón & C. Polio (Eds.), *The Routledge handbook of second language acquisition and writing* (pp. 370–382). New York: Routledge. https://doi.org/10.4324/9780429199691-36.

Lu, X., & Ai, H. (2015). Syntactic complexity in college-level English writing: Differences among writers with diverse L1 backgrounds. *Journal of Second Language Writing*, 29, 16–27. https://doi.org/10.1016/j.jslw.2015.06.003.

Lu, X., & Hu, R. (2022). Sense-aware lexical sophistication indices and their relationship to second language writing quality. *Behavior Research Methods*, 54(3), 1444–1460. https://doi.org/10.3758/s13428-021-01675-6.

Lu, X., Casal, J. E., & Liu, Y. (2021). Towards the synergy of genre- and corpus-based approaches to academic writing research and pedagogy. *International Journal of Computer Assisted Language Learning and Teaching*, 11(1), 59–71. https://doi.org/10.4018/IJCALLT.2021010104.

Murakami, A. (2016). Modeling systematicity and individuality in nonlinear second language development: The case of English grammatical morphemes. *Language Learning*, 66(4), 834–871. https://doi.org/10.1111/lang.12166.

Norris, J. M., & Ortega, L. (2009). Towards an organic approach to investigating CAF in instructed SLA: The case of complexity. *Applied Linguistics*, 30(4), 555–578. https://doi.org/10.1093/applin/amp044.

Robinson, P. (1995). Task complexity and second language narrative discourse. *Learning Language*, 45(1), 99–140. https://doi.org/10.1111/j.1467-1770.1995.tb00964.x.

Robinson, P. (2001). Task complexity, task difficulty, and task production: Exploring interactions in a componential framework. *Applied Linguistics*, 22(1), 27–57. https://doi.org/10.1093/applin/22.1.27.

Römer, U., & Garner, J. R. (2019). The development of verb constructions in spoken learner English: Tracing effects of usage and proficiency. *International Journal of Learner Corpus Research*, 5(2), 207–230. https://doi.org/10.1075/ijlcr.17015.rom.

Shatz, I. (2019). How native language and L2 proficiency affect EFL learners' capitalisation abilities: a large-scale corpus study. *Corpora*, 14(2), 173–202.

Staples, S., Egbert, J., Biber, D., & McClair, A. (2013). Formulaic sequences and EAP writing development: Lexical bundles in the TOEFL iBT writing section. *Journal of English for Academic Purposes*, 12(3), 214–225. https://doi.org/10.1016/j.jeap.2013.05.002.

Wulff, S., & Ellis, N. C. (2018). Usage-based approaches to second language acquisition. In D. Miller, F. Bayram, J. Rothman, & L. Serratrice (Eds.), *Bilingual cognition and language: The state of the science across its subfields* (pp. 37-56). Philadelphia/Amsterdam: John Benjamins. https://doi.org/10.1075/sibil.54.03wul.

Yang, W., Lu, X., & Weigle, S. C. (2015). Different topics, different discourse: Relationships among writing topic, measures of syntactic complexity, and judgments of writing quality. *Journal of Second Language Writing*, 28, 53-67. https://doi.org/10.1016/j.jslw.2015.02.002.

Yoon, H. (2017). Textual voice elements and voice strength in EFL argumentative writing. *Assessing Writing*, 32, 72-84. https://doi.org/10.1016/j.asw.2017.02.002.

Yoon, H., & Polio, C. (2017). The linguistic development of students of English as a second language in two written genres. *TESOL Quarterly*, 51 (2), 275-301. https://doi.org/10.1002/tesq.296.

Zhao, H., & Shirai, Y. (2018). Arabic learners' acquisition of English past tense morphology: Lexical aspect and phonological saliency. *International Journal of Learner Corpus Research*, 4 (2), 253-276. https://doi.org/10.1075/ijlcr.17006.zha.